14,90€

Manfred Eichhorn

Hennadäpper
oder:
Als die Wachter Hedwig
den Regenwurm schluckte

Manfred Eichhorn

Hennadäpper
oder:
Als die Wachter Hedwig den Regenwurm schluckte

Eine schwäbische Kindheit
Geschichten

Silberburg·Verlag

Hennadäpper (auch Hennadapper, Hennadäpperle) sind sehr kleine Schritte. A Hennadäpperle meint auch eine geringe Entfernung.

2 3 4 5 6   07 06 05 04 03

© 2002 by Silberburg-Verlag Titus Häussermann GmbH,
Schönbuchstraße 48, D-72074 Tübingen.
Alle Rechte vorbehalten.
Satz und Gestaltung: Initial Medienvorstufe, Asperg.
Umschlaggestaltung: Uli Gleis, Tübingen,
unter Verwendung eines Fotos aus dem Archiv Eichhorn.
Druck: Gulde-Druck, Tübingen.
Printed in Germany.

ISBN 3-87407-541-9

Besuchen Sie uns im Internet
und entdecken Sie die Vielfalt unseres Verlagsprogramms:
www.silberburg.de

Inhalt

7	Meine Straße
14	Ankunft
18	Sonntagskinder
23	Hausball
31	Mein Ostern
38	Schuld und Sühne
43	Fronleichnam
50	Maikäfer flieg
55	Urlaub oder: Tante Berta hat ein Meer
60	Hennadäpper oder: Als die Wachter Hedwig den Regenwurm schluckte
66	Brot für die Welt
72	Schulausflug
78	Mein Vater erzählt mir vom Krieg
83	Das magische Dreieck
88	Sommergeschichte
93	Ovuts-Avaht in Not
100	Die Heimstraß-Oma
103	»Pfui, do staubts« oder: Die Magie der Sprache

107	Theater, Theater
111	Kinderfreundlich
114	Ein Sputnik über dem Haus
117	Eine Gedenkminute für Hans Frey
120	Downtown oder: Wie ich Vera Vetrovec kaufte
130	Joachims Pullover
134	Schutzengel
138	Mein Heiliger Abend
146	Was für ein Jahr
150	Sterben
155	Nachwort

Meine Straße

Kerzengerade ist sie, und sie endet im Niemandsland. Ohne jede Vorwarnung steht man plötzlich vor einem Stück Wiese, dahinter ist Brachland, ein Weg geht links ab, vorbei an Gärten führt er zur Blau.

Der Blick in den nahen Roten-Berg-Wald öffnet einem die Erinnerungen an die Geschichten der Eltern und Großeltern. Es sind Kriegsgeschichten. Dorthin, in den nahen Wald, ist man gelaufen bei Fliegeralarm, wenn noch genügend Zeit war dazu. Wenn es knapp wurde, das drohende Geräusch der anfliegenden Bomber schon zu hören war und der Hund des Nachbarn in böser Vorahnung zu jaulen begann, floh man in den Luftschutzkeller. So auch in jener Dezembernacht, im letzten Kriegswinter, als eine der verirrten Brandbomben das Haus in Brand setzte und das abgebrannt wäre, hätte der Großvater das Feuer nicht rechtzeitig gelöscht.

Ich wurde sechs Jahre nach dem Krieg geboren und doch ist in meiner Erinnerung so viel Krieg, als hätte ich nicht nur seine Spuren entdeckt. Da waren noch die Brandbomben, die im Garten lagen, und der dunkle Schutzkeller, in dem ich meine Mutprobe bestand. Spuren des Krieges, sie begleiteten meine Kindheit gleichermaßen wie das beginnende Wirtschaftswunder, das nun am Ende der Klosterstraße zu blühen begann. Dort nämlich wuchsen kleine Industrieanlagen, Speditionen, Baugeschäfte und Kfz-Werkstätten aus dem brachliegenden Land, schneller, als wir Kinder gewachsen sind.

Heute gibt es die Wiese am Ende der Straße nicht mehr. Es wurde darauf eine Kohlenhandlung gebaut, die später in eine Lagerhalle umfunktioniert wurde.
Was gleich geblieben ist, was sich nicht verändert hat, das ist der Blick auf den kleinen, schier unförmig wirkenden Turm der Marienkirche. Ich höre die Glocke noch schlagen, eine Aufforderung zur Eile. Die Schulstunde beginnt und ich bin noch unterwegs. Sie treibt mir den Schweiß auf die Stirn und flüstert mir gleichzeitig eine Entschuldigung zu.

Es ist ruhig in der Straße, nur dumpfer Verkehrslärm von der Parallelstraße, auf der es nach Blaubeuren geht, dringt herüber. Früher war das nicht anders. Nur die parkenden Autos entlang dem Gehsteig gab es nicht. Sie erscheinen mir jetzt wie aufdringliche Spielverderber, die das Spielen auf der Straße unmöglich machen.

Doch Kinder, die hier spielen wollen, gibt es nicht mehr. Es ist nun eine Straße der alten Leute.

Die erwachsen gewordenen Kinder sind wie ich weggezogen und haben die Alten allein gelassen. So bleiben die hier bis zu ihrem Tod oder bis sie zu einem Fall für das unweit entstandene Pflegeheim werden. Sie haben sich zurückgezogen, als wären sie im Alter scheu geworden oder als gäbe es nichts Gemeinsames mehr.

Kaum ein Gespräch mehr über den Zaun. Kein Politisieren und Streiten mehr an Sommerabenden, als die Männer noch für eine Zigarette, wie es geheißen hatte, vor's Haus gegangen waren.

Leblos wirkt die Straße und stumpf.

Nur wenn irgendwo ein Auto vorfährt, bewegen sich an manchen Fenstern die Vorhänge. Man schaut heraus, so verstohlen, als schäme man sich der Neugierde. Es könnte ja sein, es ist die Tochter oder der Sohn.

Im Haus Nummer 29 war ich geboren worden. Wir Kinder bewohnten das untere, kleine Zimmer, an der Fassade rankte ein Rosenstock. Wenn mein Bruder Karlheinz, der einer von den berüchtigten zwölf Aposteln war, von einem seiner so genannten letzten Abendmahle nach Hause kam, öffnete er regelmäßig das Fenster und erbrach sich über den Rosenstock. Aber beiden hat es wohl nicht geschadet, denn sie sind prächtig gediehen.

Ein riesiger Obst- und Gemüsegarten mit Kaninchenställen und Laube gehörte zum Haus. Der Großvater bewirtschaftete ihn. Wir Kinder, vier waren wir noch im Haus, halfen ihm bei der Beeren- und Obsternte. Er war ein so lauter Mann gewesen, der Großvater, dass ich vor ihm Angst gehabt hatte. Dabei hat er mir nie etwas getan. Allein seine Stimme aber konnte mir einen Schrecken einjagen, selbst wenn er nur nach der Katze rief.

Zuletzt aber, kurz bevor er starb, wurde er leise und sagte Lienhard zu mir. So hieß ein Junge aus der Nachbarschaft.

Ich erinnere mich noch an den Augenblick, als ich aus der Schule kam und vor unserem Haus der Leichenwagen stand, um ihn abzuholen.

Am eindringlichsten aber ist mir die Erinnerung an die Herbstfeuer, wenn die Kartoffeln gebraten und der Gartenunrat verbrannt wurden und der Großvater den neuen Most ausgeschenkt hat.

Heute ist der Garten auf ein kleines, pflegeleichtes Rasenstück zusammengeschrumpft, mit ein paar Zierblumen an den Rändern. Wohnhäuser und Garagen sind auf ihm entstanden.

Auch die meisten Nachbargärten sind keine Nutzgärten mehr. Ein wenig Rasen, Betoniertes, worauf im Sommer der Kaffeetisch gerichtet wird, wenn die Kinder und Enkel zu Besuch kommen.

Doch so schön der Garten auch war, uns Kinder trieb es immer wieder auf die Straße. Sie war uns vertraut. Dort waren wir zu Hause. Sie war der Austragungsort der Fußballmeisterschaften gegen die Ackersträßler, Jakobsträßler, Meinlohsträßler, die wir als solche verhöhnten, weil die Klosterstraße, in unseren Augen, die Krone des Viertels war.

So wurden aus den Spielgefährten manchmal Feinde, die sich in wütenden Straßenschlachten gegenüberstanden. Zu den Kindergeburtstagen aber, wenn es Kakao und Kuchen gab, mussten die Feindseligkeiten ruhen. Denn keiner wollte wegen dummer Zwistigkeiten darauf verzichten.

Es ist schwer zu sagen, in welcher Jahreszeit mir die Straße am meisten bedeutete.

Vielleicht im Winter, wenn der Schnee an beiden Wegseiten aufgetürmt war und wir mitten auf der Straße ein Eishockeyfeld schufen, die Kellerfenster als Tore benutzten und aus krummen Stöcken Hockeyschläger zauberten. Oder wir eilten, mit Schiern an den Füßen oder Schlitten ziehend, ans Ende der Straße zum Fallenstock, jener steil abfallenden Wiese, um dort in rasantem Tempo die Schlitten und Schier laufen zu lassen.

Vielleicht im Sommer. Abends. Wenn der Asphalt noch warm war vom Tag. Irgend ein Spiel spielend bis in die Dunkelheit, bis die Mutter zum soundsovielten

Male gerufen hat und drauf und dran war, die Geduld zu verlieren.

Wenn ich am anderen Ende der Klosterstraße angekommen bin, mich entscheiden muss, welchen Weg ins Dorf ich einschlagen will, den Blauweg entlang oder die Straße, stehe ich an der Ecke, wo früher der kleine Lebensmittelladen der Frau Thomas war. Das Paradies der Süßigkeiten, und auch lange Zeit die einzige Möglichkeit, einen wichtigen Telefonanruf zu tätigen. Meist aber galt es nur, so profane Dinge zu kaufen wie Mehl oder Margarine, Brot, Zucker, Salz und Milch.

Es scheint mir, als ob die Straße langsam sterben würde – obwohl viele der Häuser neu, mit frischen, freundlichen Farben getüncht wurden. Doch die Geschäftigkeit hinter den Zäunen, das Kohleholen mit dem Leiterwagen und das Holzsammeln im nahen Wald sind ebenso aus dem Bild der Straße verschwunden wie die spielenden Kinder und damit auch ein Stück pulsierendes Leben.

Die Klosterstraße ist eine Straße der alten Leute geworden.

Wir haben sie den parkenden Autos überlassen, den Fahrzeugen der Fernküche, die die alleinstehenden, alten Leute mit warmen Mahlzeiten versorgt, und den motorisierten Pflegerinnen der Sozialstation, die nach ihren Patienten sehen.

Es ist eine trostlose Straße geworden, die zu allen Jahreszeiten gleich ist. Nun kann es Herbst werden, ohne dass etwas vergeht, und Frühling, ohne dass etwas zu blühen beginnt. Denn die Straße, so scheint mir, hat ihre Seele verloren und lebt nur noch in den Gedanken und Erinnerungen der Kinder, die einst auf ihr gespielt haben.

Ankunft

Es war abends um halb neun, als die Hebamme aus dem Fenster des Kinderzimmers meinem Vater zurief: »Es isch a Bua.«

Der stand, obwohl es Januar war, am Zaun und konnte sich mit dem Nachbarn nicht über den Krieg in Korea einigen. Ob es sinnvoll war, dass der alte Joe Louis noch einmal in den Boxring stieg, führte ebenfalls zu Differenzen.

Trotz allem unterbrach mein Vater sein Gespräch und schaute nach Mutter und Kind, die, wie er es nicht anders erwartet hatte, wohlauf waren.

Hans, mein ältester Bruder, verstand meine Ankunft als ein Zeichen und gründete selbst eine Familie. Die Feierlichkeiten standen jedoch im Schatten der Teheraner Märchenhochzeit. Dennoch war unsere Marienkirche gut besucht. Die Söflinger waren ohnehin der Meinung, dass meine Schwägerin Elli es mit der Soraya und mein Bruder Hans es mit dem Schah Reza Pahlewi ohne weiteres aufnehmen könnten.

Ich wurde Onkel, bevor ich das Wort überhaupt in mein Vokabular aufnehmen konnte. Dessen ungeachtet hieß der Titel meines ersten Lieblingsliedes »Tiritomba«, weshalb angezweifelt wurde, dass ich auch im vorigen Leben ein Schwabe war.

Meine beiden Schwestern Margret und Suse, die vor dem Krieg zur Welt gekommen waren, bekamen mit mir ein verspätetes Spielzeug.

Mein Vater hatte nach fünf Kindern die Lust am Erziehen verloren, was meiner Erziehung zugute kam.

Dass in diesem Jahr die Wagner-Festspiele in Bayreuth wieder stattfanden, änderte nichts an der Tatsache, dass mein Bruder Karlheinz den Mechaniker-Beruf erlernen sollte. Auch sein Vorsingen am Ulmer Theater änderte nichts daran.

Bei meiner Ankunft wurde die Öffentlichkeit durch ein weiteres Ereignis erschüttert. In dem Film »Die Sünderin« schockierte Hildegard Knef durch eine kurze Nacktszene. Der Pfarrer aus der Weststadt ermunterte deshalb von der Kanzel herab seine Gemeinde, vor der »Scala« gegen den Film zu demonstrieren.

Gleichzeitig wurde die Kommandeuse von Buchenwald zu lebenslanger Haft verurteilt, ein Ereignis, das die Öffentlichkeit weder erschütterte noch interessierte.

Mein Vater verdiente jetzt dreißig Mark mehr, sein Taschengeld wurde jedoch nicht erhöht. Meine Mutter meinte, dass fünf Mark pro Woche genug wären.

Ferienreisen gehörten nun auch in die Reihe der Statussymbole. Mein Onkel Gustl übertrieb und wanderte nach Südafrika aus. Mein Vater nutzte die freie Zeit, um die Fensterrahmen neu zu streichen.

Meine Schwester Suse entschloss sich zum Kauf eines Mantelkleides aus Pepitaseide, wurde aber im letzten Augenblick von meiner Mutter zu einem Sogra-Schnittheft überredet. Dass aus dem Mantelkleid eine rotweiß karierte Bluse mit Fensterkreuz wurde, entpuppte sich im Nachhinein als Vorteil.

Meine Schwester Margret träumte von einem ganz anderen Kleid. Bis zu ihrer Heirat war es schließlich nicht mehr lange hin. Das Aufgebot war schon bestellt und angeschlagen.

Die deutsche Fußballnationalmannschaft trat zum ersten Mal nach dem Krieg zu einem Länderspiel im Ausland an und gewann gegen die Schweiz prompt mit drei zu zwei.

Am Ende unserer Straße richtete sich Herr Pauw eine Spedition ein. Der Mercedes 300 davor, war der Traum meines Onkels Franz. Später würde er sich aber einen VW-Käfer kaufen, ihn in die Garage stellen und vor jedermann schützen.

Mein Vater fuhr jeden Morgen mit dem Fahrrad ins Röhrenwerk zur Arbeit. Mit dem Maßhalten war er dem Wirtschaftsminister Ludwig Erhard zuvorgekommen.

Die neue Miss Germany war ein blitzsauberes Mädel vom Bodensee mit einem einwandfreien Lebenswandel.

Man schrieb das Jahr 1951.

Ich war in die Manege erwachsener Scheinheiligkeiten getreten, fand mich mit der Zeit aber gut zurecht.

Sonntagskinder

Mein Vater sagte, dass Onkel Franz, dem alles im Leben zu gelingen schien, ein Sonntagskind sei. Meinem Vater gelang bei weitem nicht alles und ich dachte, wenn Onkel Franz schon ein Sonntagskind ist, dann muss mein Vater ein Werktagskind sein. Mir waren die Werktage ohnehin lieber. Schon der Kleidung wegen.

Es gab Sonntags- und Werktagskleidung. Ich hatte eine Sonntagshose, die fürchterlich kratzte, und ein Sonntagshemd, das steif war wie Großvaters blaue Eisenbahnermütze. Von den Schuhen, die eng und gelackt waren und bereits vom bloßen Hinschauen schmutzig und dadurch zum sonntäglichen Streitobjekt wurden, ganz zu schweigen.

Klar, dass ich die Sonntage hasste.

Das einzig Vernünftige am Sonntag war das Mittagessen.

Schweinebraten gabs. Jeden Sonntag im Jahr. Schweinebraten mit Spätzle und Kartoffelsalat. Das

Fleisch wurde vom Metzger Prenkart tags zuvor genau abgewogen, ein Pfund durfte es wiegen und kein Gramm mehr. Viel genug für die sechsköpfige Runde, die sich um den Tisch versammelt hatte. Jeder bekam reichlich Spätzle, auch reichlich Kartoffelsalat und einen Schöpfer Bratensoße. Mein Vater verteilte danach das Fleisch gerecht in sieben gleich große Stücke. Nur das letzte Stück war etwas kleiner. Das bekam die Katze. Meine Mutter servierte es ihr zusammen mit den bereits genannten Beilagen auf einem kleinen Teller, den sie auf den Ofenplatz stellte.

Die Katze machte sich zuerst über das Fleisch her, dann über die Beilagen. Mein Bruder Reinhold machte es umgekehrt.

Er machte sich sogar die Mühe, das Stückchen Fleisch unter dem Kartoffelsalat zu verstecken; aß sich dann durch den Spätzleberg, bewässerte mit der Soße den Kartoffelsalat, den er Gabel um Gabel abtrug, bis das Fleisch zum Vorschein kam. Da freute er sich dann, als hätte er eine Entdeckung gemacht und aß genüsslich als letztes das Stückchen Fleisch in winzigsten Bissen.

Um in den Genuss des Mittagessens zu gelangen, musste man zuerst in die Kirche. Es gab das Hochamt, die 10-Uhr- und die 11-Uhr-Kirche. Das Hochamt begann um halb neun und dauerte eine halbe Stunde länger als die 10-Uhr- oder die 11-Uhr-Kirche.

Beim Hochamt sprach der Pfarrer lateinisch. Das hätte mich nicht weiter gestört, aber die halbe Stunde mehr war einem Drittklässler nicht zuzumuten.

Ich bevorzugte die 10-Uhr-Kirche, weil man danach die Leute, die die 11-Uhr-Kirche noch vor sich hatten, bemitleiden konnte. Außerdem kam man noch rechtzeitig zu den Heimspielen der TSG, die um elf Uhr auf dem Sportplatz an der Harthauser Straße angepfiffen wurden. Spielte die Mannschaft auswärts, ging man in die Krone zum Frühschoppen. Dort saß mein Bruder Karlheinz.

Da er zu den Aposteln gehörte, war er bereits im Hochamt gewesen und saß seit zehn Uhr in der Krone. Die anderen Apostel saßen bei ihm. Der Frühschoppen war für sie fast so wichtig wie das Abendmahl.

Mir war es aber lieber, wenn die TSG ein Heimspiel hatte. Da rannte ich nach der Kirche zur Harthauser Straße hoch und stellte mich hinter das Tor unseres Torhüters. Der hieß Wilhelm und ich bewunderte ihn, weil er sich traute, sich mit bloßen Knien in die staubige Erde zu hechten. Längst wuchs kein Gras im Sechzehner mehr und nach jedem Spiel bluteten die Knie unseres Torhüters.

Wenn der Gegner schwach war und unser Torhüter nichts zu tun bekam, stellte ich mich zu den Aposteln auf den Hügel am Mittelkreis, von wo aus sie unsere Mannschaft anfeuerten.

Wenn unser Mittelstürmer ein Tor schoss, hüpften sie vor Freude; und vor Freude nahmen sie mich manchmal in die Arme und warfen mich hoch in die Luft wie ein dickes Konfetti.

War das Mittagessen vorüber, zeigte sich die Welt wieder nüchtern, besonders wenn man zum Abtrocknen eingeteilt war. Danach stand einem der Tag zur Verfügung. Doch so sonntäglich angezogen, konnte man allenfalls mit einem Mädchen ins Museum gehen oder aber ins Pfarrheim, wo jeden Sonntag ein Film über die armen Menschen, die in der Diaspora leben mussten, gezeigt wurde.

Man konnte auch beides tun, wenn man nicht gerade die Wachter Hedwig mit ins Museum schleppte, die eine Trödelsuse war, versäumte dann aber in jedem Falle um vier Uhr die Kaffeestunde, zu der es Mutters selbst gebackenen Hefekranz gab. Im Gegensatz zu meinem Bruder Reinhold, der niemals eine Kaffeestunde versäumte, standen mir die Menschen in der Diaspora näher als Mutters selbst gebackener Hefezopf.

Erträglich waren die Sonntage nur, wenn es so heiß war, dass kurze Hosen genehmigt und gestärkte Hemden überflüssig waren. Doch die Sommer in unseren Breitengraden waren auch damals schon so kurz wie eine Fahrt mit dem Kettenkarussell auf der Söflinger Kirchweih.

So kam es, dass ich Mitleid mit meinem Onkel Franz hatte, weil mein Vater behauptete, dass er ein Sonntagskind sei: Sonntagskinder waren gequälte Kreaturen in kratzigen Hosen und Hemden, die so steif waren wie Großvaters blaue Eisenbahnermütze. Und bei jedem Schritt drückte der Schuh.

Hausball

In der Faschingszeit bestand meine Mutter regelmäßig darauf, einen Hausball zu veranstalten.

Einmal dekorierte sie dazu das Wohnzimmer mit Luftschlangen, die sie Tage vorher beim Schreibwarenhändler Grünvogel zusammen mit einer Auswahl kleiner Faschingshüte, einer rosaroten Pappnase sowie mehreren Papiertröten gekauft hatte.

Dass sie als Tag für ihren Faschings-Hausball den schmutzigen Donnerstag gewählt hatte, mag Zufall gewesen sein, vielleicht aber wollte sie damit auch, wie vor vielen Jahren ihre Geschlechtsgenossinnen, ihr Recht auf die Teilnahme am närrischen Treiben deutlich machen.

Zum Gelingen des Hausballs trug neben der Dekoration auch eine Schallplatte mit Stimmungsliedern bei, die meine Mutter beim Mittagessen schon versuchsweise auflegte.

Mir half sie, mich als Indianer zu maskieren, und schuf damit, jeder Völkerverständigung zum Hohn, auch meinem Bruder Reinhold, der als Cowboy daherkam, ein willkommenes Feindbild.

Mutters Hausball begann am Nachmittag. Meine Großmutter saß schweigend mit einem kleinen Zylinder auf dem Kopf am Tisch und wartete auf den Kaffee. Sie brach ihr Schweigen erst, als ihn meine Mutter servierte.

»Kaffee, mein Leben«, sagte sie da in tadellosem Hochdeutsch. Ein Geständnis, das uns nicht weiter überraschte, da sie es bei jeder Kaffeestunde von neuem ablegte.

Mein Bruder Reinhold, der ja auch sonst nie eine Kaffeestunde versäumte, saß im Cowboykostüm daneben und beobachtete meine Cousine Renate, die als Funkenmariechen hereingetanzt kam, um einen Korb mit Krapfen auf den Tisch zu stellen, den mein Bruder Reinhold sogleich mit beiden Händen zu sich zog.

Als meine Mutter mit einem Tusch, den sie der Papiertröte entlockte, ihren Hausball nun auch offiziell eröffnet hatte, fühlte sich meine Großmutter aufgefordert, eine der drei Episoden, die richtungsweisend für ihr Leben waren, zum Besten zu geben:

»Amalie, welchen Kontinent hot dr Kolumbus entdeckt?«

»Amrika, Herr Lehrer!«

»Wie hoißt der Kontinent, Amalie?«

»Amrika!«

»Amerika, Amelie! Schofskopf, hock na!«

Die beiden anderen Episoden, die sie uns im Moment noch vorenthielt, stammten aus der Zeit, in der sie im schweizerischen Glarus als Hausmädchen in Dienst stand. Auch mit den ersten sechs Zeilen von Ludwig Uhlands Ballade »Schwäbische Kunde«, die sie auswendig aufsagen konnte, hielt sie sich noch zurück.

Nach dem Kaffee gingen wir Kinder nach draußen. Meine Cousine Renate tanzte als Funkenmariechen die Straße bis zu Henles Garten hoch und ließ sich von allen bewundern. Am Zaun standen die Spreng-Zwillinge und die Helene aus der Jakobstraße. Auch die Wachter Hedwig war dabei. Sie hatte sich als Prinzessin verkleidet. Rauben wollte sie dennoch keiner.

Mein Bruder Reinhold, der jetzt ein Cowboy war, jagte mich durch den ganzen Obstgarten. Erst auf dem Hüttendach war ich vor ihm sicher. Wütend schoss er seine beiden Colts leer, ohne damit großen Schaden anzurichten. Auf die Hütte traute er sich nicht. Es kam mir zugute, dass Indianer von Natur aus die besseren Kletterer sind.

Mein Bruder Karlheinz war während der Faschingszeit so gut wie nie zu Hause. Er war Mitglied der Städtischen Karnevalsgesellschaft und durfte als Till Eulenspiegel den Prolog bei der großen Prunksitzung sprechen. Natürlich war er auch bei allen anderen karnevalistischen Umtrieben mit vorne dran. Das Rathaus besetzen, beim großen Festzug Bonbons vom Festwagen werfen; über Mangel an Aufgaben konnte er sich nicht beklagen.

Dass er so früh schon nach Hause kam, hatte nichts mit Mutters Hausball zu tun. Er musste am Abend das Prinzenpaar ankündigen. Den Text dafür lernte er jetzt auswendig. Dabei durfte er nicht gestört werden. Ein Prinzenpaar anzukündigen war eine ernste Angelegenheit. Da störte es ihn sogar, dass meine Großmutter jetzt ihr Gedicht in voller Länge aufsagen wollte. Als er im Till-Eulenspiegel-Kostüm aus dem Haus ging, schaute ihm meine Mutter enttäuscht hinterher. Bei ihrem Hausball wäre er *die* Attraktion gewesen.

Meine Cousine Renate hatte als Funkenmariechen große Ausdauer. Als ich wieder von der Hütte stieg, weil mein Bruder damit beschäftigt war, sich frische Munition und Mundvorrat zu besorgen, tanzte sie noch immer die Klosterstraße rauf und runter, um sich bewundern zu lassen. An Henles Gartenzaun stand aber nur noch die Wachter Hedwig. Ob sie meine Cousine bewundern oder nur geraubt werden wollte, war unklar. Als Prinzessin neigte sie eher zu Letzterem.

Als mein Vater um fünf Uhr von der Arbeit kam, ging der Hausball weiter. Meine Mutter setzte ihm, kaum dass er über die Türschwelle getreten war, ein Hütle auf, welches er den ganzen Abend über tragen musste. Dann brachte sie das Vesper. Um ihrem Auftritt eine heitere Note zu verleihen, hatte sie sich die Pappnase dazu aufgesetzt. Weil mein Vater darüber lachte, ließ sie auch danach keine Gelegenheit aus, um für Stimmung zu sorgen.

Auch meine Großmutter wollte ihren Teil dazu beitragen und erzählte uns die zweite ihrer drei Episoden, mit der sie uns erklären wollte, was wirklicher Reichtum war. Selbigen hatte sie als Dienstmagd in Glarus erfahren, als ihre Herrin zu ihr gesagt hatte: »Amalie, schmeiß 's Gschirr zum Fenschter ussi, mir kaufat a nuis.« Meine Großmutter versuchte die Episode auf schwyzerdütsch wiederzugeben, scheiterte aber.

Zum Vesper gab es, wie an jedem anderen Abend auch, Wurst vom Metzger Prenkart. Meine Mutter wechselte täglich zwischen Schinkenwurst und Bierschinken ab. Heute war Schinkenwurst dran. Das Brot dazu musste, bevor es auf den Tisch kam, erst drei Tage auf dem Schlafzimmerschrank zubringen. Mein Vater aß auch an diesem Abend schweigend. Die Stimmungsplatte bemerkte er erst, als sie an der Stelle »Wer hat so viel pinke pinke ...« nicht weiterkam und immer wieder nur »... wer hat so viel pinke pinke ...« von sich gab. Da stand mein Vater auf und stellte den Plattenspieler ab.

Nun übernahm meine Mutter den akustischen Part und summte: »Am Aschermittwoch ist alles vorbei ...«

Meine Großmutter wirkte trotz ihres Zylinders niedergedrückt. Und erst als meine Mutter mit neuen Krapfen aufwartete, schaute sie wieder zuversichtlicher in die Welt.

»Kaffee, mein Leben«, sagte sie.

Meine Mutter verstand dies als Aufforderung und brühte wieder Kaffee auf. Der ließ meine Großmutter noch einmal zur Höchstform auflaufen:

> »Als Kaiser Rotbart lobesam
> Zum Heil'gen Land gezogen kam,
> Da musst er mit dem frommen Heer
> Durch ein Gebirge wüst und leer.
> Daselbst erhub sich große Not,
> Viel Steine gabs und wenig Brot.«

Sie rezitierte Ludwig Uhland sechs Zeilen lang, ohne ins Stocken zu geraten, selbst das zwischenzeitliche Luftholen vergaß sie dabei.

Dass bei ihr das Gedicht nach »Viel Steine gabs und wenig Brot« abrupt endete, ist – zusammen mit ihren drei Anekdoten – ein Beweis dafür, wie beneidenswert kompakt meine Großmutter Leben und Bildung gestaltete.

Nach dem Vesper saß mein Vater mit seinem Hütle am Tisch und löste ein Kreuzworträtsel, später las er in seinem Wildwestroman weiter. Meine Mutter schimpfte ihn einen Faschingsmuffel. Da trank er meiner Mutter zuliebe ein Gläschen Himmlisches Moseltröpfchen und hörte eine Weile mit dem Lesen auf. Zu einer Polonaise durchs Wohnzimmer konnte ihn meine Mutter jedoch nicht bewegen. Ganz darauf verzichten wollte sie allerdings auch nicht. So machte sie die Polonaise alleine. Dabei tanzte sie einen Umweg über die Küche und brachte Salzstangen mit.

Vom Sofa her erklang Großmutters Stimme: »Kaffee, mein Leben.« Aber meine Mutter ließ sich nicht mehr überreden. Sie erwiderte ihr auf hochdeutsch: »Genug ist genug.«

Da nahm meine Großmutter ihren kleinen Zylinder vom Kopf und ging ins Bett. So mussten wir auf ihre dritte Episode, die, wie schon erwähnt, ebenfalls in Glarus spielte, verzichten. Ihr Tagwerk schien dennoch vollbracht.

Während mein Vater längst wieder in seinen Wildwestroman vertieft war, schickte meine Mutter alle Indianer und Cowboys ins Bett. Ohne Cowboykostüm verlor mein Bruder Reinhold seinen Schrecken. Zu einer ähnlichen Erkenntnis musste auch Rousseau gekommen sein, denn in seiner Ode à la fortune heißt es: »Die Maske fällt, es bleibt der Mensch, und alles Heldentum entweicht ...«

Meine Mutter wünschte uns eine gute Nacht. Ihr seliger Ausdruck dabei ließ vermuten, dass sie ihren Hausball als gelungen betrachtete.

Inzwischen hat die Donau viel Wasser zum Meer transportiert, doch will ich berichten, dass meine Mutter auch später, als wir schon einen Fernseher hatten, die Tradition ihres Hausballs aufrechterhielt. Er war nun nicht mehr am schmutzigen Donnerstag, sondern immer an dem Tag, an dem das Fernehen »Mainz, wie es singt und lacht« sendete.

Da wir Kinder aus dem Haus waren und meine Großmutter gestorben, saßen meine Eltern nun allein vor dem Fernseher und mein Vater trank noch immer, meiner Mutter zuliebe, ein Gläschen Himmlisches Moseltröpfchen. Gewiss ist meine Mutter zuweilen aufgestanden und hat eine Polonaise durchs Wohnzimmer unternommen mit einem Abstecher in die Küche, um Salzstangen zu holen, um dann wieder neben meinem Vater zu sitzen, beide mit kleinen Hüten auf dem Kopf, die meine Mutter vor Jahren beim Schreibwarenhändler Grünvogel erstanden hatte und die sie das Jahr über in einer Schuhschachtel, jeglicher Vergänglichkeit trotzend, verwahrte. Und wenn die im Fernsehen sangen: »Am Aschermittwoch ist alles vorbei …«, dann summte meine Mutter leise mit.

Mein Ostern

Während in Zürich Max Frischs »Biedermann und die Brandstifter« uraufgeführt wurden, eine britische Expedition unter Leitung von Vivian Ernest Fuchs die erste Durchquerung der Antarktis beendete, überlegte meine Mutter, wo sie in diesem Jahr mein Osternest verstecken könnte.

In der Wohnung waren die Möglichkeiten gering, doch den Garten mied sie für diese Aktivität, weil Gefahr bestand, dass meine Cousine Renate, die stets im Garten dem Osterhasen auflauerte, das Nest hätte finden können.

Im Gegensatz zu mir war meine Cousine noch immer der Meinung, dass der Osterhase Eier legt, wofür sie Belege brachte, von denen die ältesten aus dem 17. Jahrhundert stammten. Ich zweifelte trotzdem. Schon weil mein Großvater zu jedem Osterfest einen Hasen schlachtete. Einem Eier legenden Hasen, das wusste ich, hätte mein Großvater nie und nimmer das Fell abgezogen. Dazu war er zu sehr Ökonom.

So sehr sich meine Mutter auch mühte, beim Verstecken der Osternester blieb ihr Einfallsreichtum begrenzt. Sie stellte mein Nest – ein Schuhkarton mit giftgrüner Holzwolle, in die sie einen roten Zuckerhasen setzte und darum herum etliche Schokoladen- sowie drei bunte hartgekochte Eier drapierte – schon seit vielen Ostern hinter die Kinderzimmertür.

So auch in diesem Jahr. Es war mehr als nur ein Verdacht, als ich bemerkte, dass die Tür zum Kinderzimmer nicht wie üblich geschlossen war, sondern weit offen stand. Ich ließ mir aber nichts anmerken, sondern suchte erst im Wohnzimmer und in der Küche. Selbst auf dem Klo schaute ich nach.

Da lachte meine Mutter und sagte: »Kalt, ganz kalt!«

Dabei blickte sie auffällig zur offenen Kinderzimmertür. Nun blieb mir nichts anderes mehr übrig, als das Osternest zu finden. Ich tat überrascht und meine Mutter freute sich, ein so gutes Versteck gewählt zu haben.

Das Osternest für meinen Bruder Reinhold war ebenfalls hinter der Kinderzimmertür, dennoch suchte er erst im Garten, wo er ein Körbchen fand, in welchem auch bunte Haarspangen lagen; ein Indiz dafür, dass das Nest nicht für ihn bestimmt war und er es folglich ignorieren musste.

Nachdem er den ganzen Garten durchgekämmt hatte, ging er ins Haus zurück. Dort stellte sich meine Mutter unauffällig vor die offene Kinderzimmertür.

Mein Bruder durchschaute ihre Finte und fand zehn Minuten später das Nest.

Erst jetzt rückte mein Vater mit seinem Ostergeschenk heraus. Es war ein Tretroller mit Hartgummireifen, der meinem Bruder Reinhold und mir nun zu gleichen Teilen gehören sollte. Gleich stritten wir um das Vorrecht der Jungfernfahrt. Mein Bruder behauptete, sie stehe ihm, dem Älteren zu. Ich wollte mich darum prügeln. Weil mein Bruder das der Sonntagskleidung wegen ablehnte, nannte ich ihn einen Hasenfuß. So kamen wir vorerst zu keiner Lösung, freuten uns aber doch darüber, dass Ostern war.

Mein Bruder Karlheinz war ebenfalls froh, dass Ostern war. Am Karfreitag noch hatte er mit den anderen Aposteln gefastet. Zuvor war er am Ölberg eingeschlafen und einer seiner Apostelfreunde hatte den Herrn noch vor Sonnenaufgang drei Mal verleugnet. Dass sie fasteten, hatte also seinen Grund. Heute aber, erklärte mein Bruder Karlheinz, war der Tag der Auferstehung und damit alles vergeben und vergessen.

Die Streitigkeiten mit meinem Bruder Reinhold, der nicht nachgab und partout als Erster den Tretroller ausprobieren wollte, zogen sich bis zum Mittagessen hin, welches pünktlich, also um zwölf, im Wohnzimmer serviert wurde.

Damit alle Platz fanden, hatte mein Vater alle Möglichkeiten unseres Ausziehtisches genutzt. Dort zerlegte mein Großvater den Hasenbraten, teilte die Keulen, löste Filets aus dem Rücken und verteilte das Fleisch auf die ihm gereichten Teller.

Meine Cousine Renate verweigerte das Mittagessen, weil sie in dem geschlachteten Kaninchen einen entfernten Verwandten des Osterhasen vermutete. Mein Bruder Karlheinz wollte sie umstimmen, indem er ihr erklärte, dass der Hase uns in der christlichen Symbolik als Sinnbild der Vergänglichkeit begegnet. Meine Cousine blieb skeptisch und schmollte weiter vor dem unberührten Filetstück.

Die Diskussionen über den Osterhasen dauerten auch noch an, als mein Vater in den Mittags-Nachrichten erfuhr, dass Cambridge zum 58. Mal das Ruderrennen auf der Themse gegen Oxford gewonnen hatte.

Mein Großvater behauptete jetzt, dass die Deutung für den Osterhasen in der sprichwörtlichen Fruchtbarkeit der Gattung begründet liege; schließlich könne eine Häsin viermal im Jahr Junge zur Welt bringen. Ich staunte. Das schaffte sonst niemand. Allenfalls noch die Mutter der Spreng-Zwillinge.

Meine Cousine Renate befand sich noch immer im Hungerstreik. Dennoch wollte sie ihre Hasen-Portion nicht an meinen Bruder Reinhold, der vorsorglich bei ihr angefragt hatte, abtreten. Fast hätte er auch meinen noch immer referierenden Bruder Karlheinz in seiner Rede über den Hasen als das Tier, das Leben schafft, und Ostern als das Fest des Lebens gestört. Doch war die Stimme meines Bruders Karlheinz von Natur aus lauter und nicht so leicht zu übertönen.

Mein Großvater schaffte es dennoch, ihn zu unterbrechen. Er schenkte vom Rotwein nach, hob das Glas in die Höhe und sagte: »Ma soll net zwoi Hasa auf oimol jaga.«

Zustimmend prosteten die Erwachsenen, die vielleicht seinen Trinkspruch verstanden hatten, ihm zu.

Am Nachmittag machte ich zum ersten Mal die Erfahrung, dass einem von zu viel Schokolade schlecht werden konnte. Weil ich diese Erkenntnis vorerst für mich behalten wollte, ließ ich mir nichts anmerken und verzog mich an die Blau. Dort dachte ich über vieles nach. Über den Tretroller, der mir nur zur Hälfte gehörte, und ob es Verschwendung gewesen war, alle Schokoladeneier auf einmal zu essen. Ich dachte auch über den Sinn des Fastens nach und allgemein über den Hunger in der Welt.

Im Fluss meiner Gedanken bemerkte ich die Spreng-Zwillinge nicht, die sich hinterhältig an mich herangeschlichen hatten. Schon nahmen sie mich in die Zange, der eine von hinten, der andere von vorne, als mir gerade noch rechtzeitig die vorläufige Flucht in Wachters Garten gelang. Ich wusste aber, dass mein Fluchtweg eine Sackgasse war.

Da tauchte plötzlich, wie aus dem Nichts, mein Bruder Reinhold hinter den Spreng-Zwillingen auf und hieß sie lauthals »rechte Lompaseggel«. Die drehten sich um, reagierten aber nicht auf das Schimpfwort und verfolgten mich weiter. Jetzt fuhr mein Bruder größeres Geschütz auf. »Bettabronzer!«, schrie er ihnen nach.

Nun ließen sie von mir ab, um meinen Bruder Reinhold zu jagen, der zwar älter, aber bei weitem nicht so kräftig wie die Spreng-Zwillinge war.

Er schlug Haken wie ein Hase und brachte die Spreng-Zwillinge damit zur Verzweiflung. Inzwischen hatte ich unseren Garten erreicht, in den die Zwillinge sich nicht trauten. Mein Bruder war über Bolkarts Taubenschlag entkommen und hatte sich auch in Sicherheit gebracht.

Klar, dass ich ihm nun die Jungfernfahrt mit unserem Tretroller überlassen wollte, doch die Kaffeestunde, zu der es Osterbrot gab, hatte für ihn Vorrang.

Meine Großmutter läutete selbige wie immer mit den Worten »Kaffee, mein Leben« ein und erzählte anschließend, wie es ihr in Glarus, als sie für ihre Herrschaft Spiegeleier machen sollte, ergangen war. Mein Bruder Karlheinz wartete ungeduldig die allseits bekannte Pointe ab, ehe er über den Hasen allgemein und über den Osterhasen im Besonderen weiter referierte. »Der Hase ist ein Fluchttier, aber kein Hasenfuß«, sagte er. Ich pflichtete ihm bei – denn der Hase ist so opferbereit und mutig, wie mein Bruder Reinhold es an diesem Osterfest war.

Schuld und Sühne

Ich weiß nicht, ob mein Vater an Gott geglaubt hat, und wenn ja, an welchen. Manchmal habe ich ihn morgens dabei überrascht, wie er, die Arme in die Höhe gereckt, den Tag mit dem Mantra »Om mani padme hum« begrüßte.

Damals dachte ich, er wäre aus Trotz zu einem anderen Glauben übergetreten, weil er nach seiner Heirat nicht evangelisch bleiben durfte, sondern meiner Mutter wegen sich dem katholischen Glauben anschließen musste. Mein Vater, der im Herzen nie ein Katholischer wurde, nannte das einen Kompromiss.

Unser Pfarrer war zu Kompromissen nicht bereit. Wenn die Inder ihre Kühe fressen würden, müssten sie nicht hungern, sagte er.

Mit den Menschen, die in der Diaspora leben mussten, hatte er mehr Mitleid, ebenso mit den vielen hungernden Negerkindern, die irgendwo nackt in Afrika herumsprangen und auf einen Missionar hofften.

Überhaupt mochte er Kinder. Eins saß während des Religionsunterrichts immer auf seinem Schoß. Einmal war auch ich an der Reihe. Da strich er mir sanft übers Haar, welches ich allerdings zuvor mit Pomade behandelt hatte. Der Pfarrer zog deshalb seine Hand schnell wieder zurück und betrachtete sie, als hätte ich sie besudelt. Ärgerlich wischte er sie mit dem Sacktuch ab und schickte mich in die Bank zurück. Von diesem Tag an ließ er nur noch Mädchen auf seinen Schoß. Bei denen war er vor Pomade sicher.

Meinen Vater, der für ihn zeitlebens ein Evangelischer blieb, ignorierte er bei jeder Gelegenheit, selbst bei der Beerdigung meines Großvaters. Da reichte er allen am Grabe die Hand, um sein Beileid auszusprechen, selbst mir, nur meinem Vater nicht, der seine Hand schon bereithielt. Vielleicht, so dachte ich damals, wollte er meinen Vater nicht persönlich beleidigen, sondern er gab Evangelischen aus Prinzip nicht die Hand.

Damals ahnte ich bereits, dass es mehrere, mindestens aber drei Götter geben musste. Einen für die Katholischen, einen für die Evangelischen und einen für die Inder, der ihnen verbot, Kühe zu essen.

Waren die Götter auch noch so verschieden, eines hatten sie gemein. Sie beobachteten die Menschen auf Schritt und Tritt, um deren Sünden aufzudecken und zu bestrafen. Dabei hatte mein Gott es besonders auf die Sünden von Drittklässlern abgesehen.

Obwohl ich wie mein Vater keine große Sympathie für unseren Pfarrer hegte, so war dieser doch der Einzige, bei dem man seine Sünden loswurde. Ja, er galt sogar als Koryphäe auf diesem Gebiet, was ich bestätigen kann, denn nach jeder Beichte war ich um so viele Sünden leichter, dass ich hätte fliegen mögen, und so rein, dass ich auf das samstägliche Bad ohne weiteres hätte verzichten können, wenn dies allein Zweck und nicht auch Ritual gewesen wäre.

So kompromisslos unser Pfarrer mit den Indern und mit meinem Vater war, für meine Sünden hatte er Verständnis. Egal, was ich beichtete, mit drei Vaterunser und drei Gegrüßet-seist-du-Maria, die er mir als, wie ich fand, faire Buße aufgab, war mir vergeben. Nun musste ich nur noch die Zeit zwischen Beichte und Kommunion sündenfrei überstehen, um anderntags nicht befleckt das Sakrament zu empfangen, was einer Todsünde gleichgekommen wäre.

Dabei konnte das samstägliche Bad helfen – oder aber eine Prüfung sein. Es kam ganz darauf an. Da die Badewanne sich im Keller befand, hatte ich die Möglichkeit mich auf die vielen Spinnen zu konzentrieren, die in allen Ecken und Ritzen hockten. Einmal schon hatte sich eine Spinne in die Badewanne verirrt. Als sie dann auf mich zupaddelte, sprang ich aus dem Wasser und lief schreiend die Kellertreppe hoch. Wenn ich mich also allein auf die Spinnen konzentrierte, konnte ich die heilige Hostie am nächsten Morgen mit reinem Gewissen entgegennehmen. Wenn ich aber die Spinnen vergaß und mir stattdessen vorstellte, meine älteste Cousine würde sich nackt zu mir in die Wanne setzen, geriet ich in Gefahr, das sechste Gebot zu übertreten.

Meine Mutter war eine überzeugte Vertreterin der These: Gott straft die meisten Vergehen strikt und meist umgehend.

Einmal stahl ich aus ihrem Geldbeutel eine Mark. Am selben Abend wurde John F. Kennedy ermordet. Ich machte mir Vorwürfe. Auch am nächsten Tag noch, obwohl mir mein Freund Erich Mack versicherte, dass Kennedys Nachfolger, ein gewisser Johnson, ein noch besserer Präsident wäre. Ein Trost war das nicht. In den kommenden Wochen und Monaten machte ich deshalb um Mutters Geldbeutel einen Bogen. Einen zweiten Präsidenten wollte ich nicht auf dem Gewissen haben.

Einen Bogen machte ich auch um meine älteste Cousine, die schon vergeben war und die ich deshalb nicht begehren durfte, selbst wenn sie nackt und ganz freiwillig zu mir in die Badewanne steigen würde.

Das Schuld-und-Sühne-Prinzip hatte aber nicht allein Gott oder unser Pfarrer gepachtet; auch mir, das spürte ich, war es erlaubt, Sünden zu bestrafen, mehr aber noch zu vergeben.

So entwickelte ich bis zur vierten Klasse eine unglaubliche Fertigkeit im Vergeben von Sünden. Ich vergab meiner Mutter, dass sie mich ins Ferienlager schickte, meinem Bruder Karlheinz vergab ich, dass er über den Rosenstock kotzte, obwohl er ein Apostel war. Der Wachter Hedwig verzieh ich ihre Trägheit, meiner ältesten Cousine verzieh ich, dass sie kein einziges Mal zu mir nackt in die Badewanne stieg. Selbst den Spreng-Zwillingen vergab ich, dass sie mich mit ihren Luftpistolen ins Bein schossen, nachdem sie für diese Tat von ihrem Vater, der Polizist war, bereits elendig verprügelt worden waren.

Als ich in die vierte Klasse kam, überließ ich das Strafen und Vergeben wieder Gott, dem Pfarrer und meiner neuen Lehrerin. Dort, so dachte ich, war die Gerichtsbarkeit in guten Händen, während ich mich wieder um das Wesentliche kümmern konnte.

Ich hatte auch nichts dagegen, wenn mein Vater mich morgens mit seinem Mantra »Om mani padme hum« erschreckte, welches er sich vom tibetischen Buddhismus einfach so geborgt hatte.

Heute weiß ich, dass er damit nicht zu einem anderen Glauben übergetreten war, sondern dass er mit den heiligen Lauten des Mantras, welches sich im Mittelteil auf die sexuelle Vereinigung des Lingam mit der Yoni bezieht, die Liebe hochleben ließ, die ihm möglicherweise in der vergangenen Nacht widerfahren war.

Und das musste Gott nicht verzeihen!

Fronleichnam

Zum Glück hat Papst Urban im Jahr 1264 in der Bulle Transiturus den Fronleichnamstag als allgemeinen kirchlichen Feiertag festgelegt. Zum Glück meines Bruders Karlheinz, der als Apostel den Himmel tragen durfte, unter welchem unser Pfarrer die Monstranz mit sich führte. Ein Glück auch für mich, denn als Erstkommunikant sollte ich in diesem Jahr gleich hinter der Blaskapelle und noch vor dem Pfarrer mit seinem Himmel die Prozession begehen.

Die Vorbereitungen dafür begannen bereits am Vorabend, denn wir Erstkommunikanten waren zum Blumenzupfen im Pfarrgarten eingeteilt worden. Mit den von uns gezupften Blütenblättern sollten die Frauen des Kirchenchors die beiden Blumen-Altäre im Klosterhof und bei der Kapelle schmücken.

An Fülle und Farbenpracht durfte es nicht mangeln, so zupften wir rosa und blaue Akelei, Margeritenblüten, Pfingstrosenblätter und freilich das Gold der Hahnenfußblüten, die hierzulande Dotterblumen heißen.

Nun ist das Blumenzupfen für einen männlichen Drittklässler nicht gerade das, was er unter einer sinnerfüllten Tätigkeit versteht, die ihn geistig oder körperlich fordert. Und so verwunderte es nicht, dass sich nicht jeder von uns gleichermaßen aufopfernd der hehren Aufgabe fügte.

Der Stichler Josef zupfte so rationell, dass er bereits nach einer Stunde einen Eimer voll Pfingstrosenblätter vorweisen konnte, während der Maichel Bernd, der sich um die Margeriten kümmerte, eher chevaleresk mit dieser Aufgabe umging, indem er von Zeit zu Zeit der Henninger Christa, die ebenfalls den Margeriten zugeteilt war, zuvorkommend in den Eimer zupfte, worauf diese ihre ansonsten so akkurate Schaffensweise für einen verschämten Wimpernschlag unterbach, um ihm kokett mit einem »Er liebt mich, er liebt mich nicht« zu antworten.

Der Mack Erich, der mit der rosa und blauen Akelei zu kämpfen hatte, mahnte schon bald die versprochene Vesperpause an, wofür ihn der vorwurfsvolle Blick der Steinle Maria traf, die neben ihm, in der Art des Rosenkranzbetens, jedem Blütenblatt einen Gebetfetzen mit auf den Weg in den entsprechenden Blecheimer gab.

Die Wachter Hedwig saß vor den Dotterblumen und entschuldigte sich bei jeder Einzelnen, die sie zupfte. Als Entschuldigung führte sie an, dass es für einen guten Zweck wäre.

Als der Pfarrer kam, mussten wir unsere Arbeit unterbrechen.

Er instruierte uns über die Aufstellung der Prozession. Dass ich, wie schon bei der Erstkommunion, mit Helga Kühne ein Paar bilden sollte, entfachte in mir eine stille, aber begreifliche Ekstase.

Helga Kühne! Das war nur ein anderer Begriff für Schönheit, Reichtum und Ansehen. Neben Helga Kühne gehen zu dürfen, war eine Auszeichnung, um die mich alle Jungen schon bei der Erstkommunion beneidet hatten. Und nun sollte das Glück sich wiederholen. Ach, mir wurde schwindlig vor dieser Güte des Geschicks. Da störte es auch nicht, dass meine Kommunionskerze nicht mehr ganz gerade war und die Lackschuhe sich in der Zwischenzeit wie kleine Gondeln nach oben bogen. Alle Augen würden ohnehin nur auf sie gerichtet sein, aber ein Hauch ihres Glanzes würde dennoch auch auf mich, der ich neben ihr gehen durfte, fallen.

Während ich weiter die Blumen zupfte, sah ich die Prozession bereits vor meinem geistigen Auge: Die Blaskapelle voraus. Dann der Mack Erich und die Steinle Maria, der Maichel Bernd und die Henninger Christa und dann ich und die Schönste der Schönen. Nach uns der Kaupper Bernhard und die Wachter Hedwig, die Molfenter Lissy und der Stichler Josef.

Doch plötzlich meldete sich ein leiser Zweifel an: Wo war sie geblieben, die Schönste der Schönen? Warum war sie nicht zum Blumenzupfen erschienen? Der Pfarrer hatte sie doch, ich hatte es deutlich vernommen, ausdrücklich darum gebeten. Und jetzt fehlte sie! Ob sie krank war? Ach nein! Eine Helga Kühne wird nicht krank. Krankheit und Helga Kühne, das war schon in sich ein Widerspruch. Vermutlich hatte sie Ballettstunde oder Klavierunterricht. Oder sonst etwas, was sich wegen des albernen Blumenzupfens nicht verschieben ließ.

So nahm ich mich beflügelt weiter den Blumen an, mit all meinem Vertrauen in die allmächtige Existenz, und weil ich mich nun auch für Helga Kühnes Quantum verantwortlich fühlte, zupfte ich noch emsiger als der Stichler Josef.

Als das letzte Blütenblatt dann seine Knospe verlassen hatte, trat ich erfüllt den Heimweg an und sah erwartungsfroh dem neuen Tag entgegen.

Der kam mit Sonne und Festlichkeit und wurde eine Zeit lang nur durch meinen Bruder Karlheinz blockiert, der als Himmelträger alle Aufmerksamkeit auf sich lenken wollte.

Den Weg zur Kirche vollzog ich noch schwebend, doch als ich mich in die Bankreihe einordnete und vergebens nach Helga Kühne Ausschau hielt, da ahnte ich bereits, wie hart die Welt jenseits des Glanzes war. Gewiss, sie konnte noch immer, quasi im letzten Moment wie eine göttliche Erscheinung, die Kirche betreten. Aber ich zweifelte, besonders, als auch der Mack Erich seine Bedenken anmeldete und meinte: »Die kommt nemme!«

Fragend blickte ich zum Bild der Madonna. Und die ließ mir durch eine Stellvertreterin, eine Frau des Kirchenchors, ausrichten, dass Helga Kühne wegen Krankheit verhindert wäre.

Die Frau vom Kirchenchor, zudem eine Botin des Hiob, ordnete ferner an, dass die Mädchen um einen Platz vorrücken sollten, um die Lücke, die Helga Kühne hinterlassen hatte, zu schließen.

Ich schluckte. Und was ich schluckte, schmeckte bitter nach Entsagung. Der Frosch in meinem Hals hielt mich fortan in den Gefilden der gewöhnlich Sterblichen gefangen. Die anschließende Messe war ein kurzes, aber intensives Martyrium, das mit dem ersten Ton der Blaskapelle sein vorläufiges Ende fand. Dem folgte das Zeichen für die Erstkommunikanten, die nun zur Aufstellung schreiten sollten.

Schon verließen der Mack Erich auf der linken Seite und die Steinle Maria auf der rechten Seite die Kirchenbank, bildeten im Mittelgang ein Paar, um gemeinsam der Blaskapelle zu folgen. Der Maichel Bernd und die Henninger Christa schlossen sich ihnen an. Und dann kam ich und als Helga-Kühne-Vertreterin die Wachter Hedwig.

Mit bleischweren Beinen verließ ich die Bank. Auch mein Blick, der Unheil ahnend nach der Wachter Hedwig tastete, muss leidend gewirkt haben, denn der Stichler Josef sprach mir mit einer unmissverständlichen Geste Mut zu.

Mit diesem Zuspruch stand ich Augenblicke später auf dem Mittelgang und wartete auf die Wachter Hedwig, aber die kam nicht. Gerade als auch sie in den Mittelgang treten wollte, muss sie wohl festgestellt haben, dass ihr Täschchen noch in der Kirchenbank hakte, denn unvermittelt wollte sie noch einmal umkehren, fand den Rückweg aber durch die nachrückende Molfenter Lissy blockiert. Vielleicht hätte sie einfach ohne Täschchen die Prozession begehen sollen, niemand hätte groß Anstand daran genommen.

So aber versuchte sie mit ihrer Kommunionskerze das Täschchen vom Haken zu angeln, wobei die Kerze aus der Manschette rutschte, auf den Kirchenboden fiel und zerbrach. Die Sekunden, in denen die Wachter Hedwig Kerze und Täschchen zusammenklaubte, um einigermaßen gefasst mit mir zum Ausgang zu schreiten, verwandelten sich zu Ewigkeiten.

Da ihre Kerze nurmehr durch den Docht zusammengehalten wurde, versuchte sie diese senkrecht zu balancieren, wodurch ihr Gang aussah wie beim Eierlaufen. Dass die Kerze dennoch etliche Male knickte, konnte sie damit allerdings nicht verhindern. Ein Vorgang, den die Kirchenbesucher mit beifälligem Lächeln quittierten. Bis zu diesem Tage wusste ich nicht, wie lange der Weg von der vorderen Kirchenbank bis zum Hauptportal sein kann.

Draußen blies mir ein rauer Wind ins Gesicht. Es waren dunkle Wolken aufgezogen. Ein blauer Himmel hätte mich jetzt auch stutzig gemacht. Die Blaskapelle spielte »Großer Gott, wir loben dich«. Dennoch begann es kurze Zeit später zu regnen.

Nun wurde der Pfarrer beneidet, weil er einen Himmel über sich hatte, durch den es nicht regnete, und auch mein Bruder Karlheinz wurde beneidet, weil er den Himmel jetzt so trug, dass auch er ein Stück von ihm abbekam und so ebenfalls nicht nass wurde.

Die Prozession verlief nun schneller als geplant. Im Klosterhof wurde die Andacht um einige Lieder gekürzt. Zwar verteidigten die Frauen des Kirchenchors anfänglich den Blütenteppich noch mit ihren Regenschirmen, doch erkannten sie bald die Zwecklosigkeit ihres Bemühens und kapitulierten.

Den Blütenteppich bei der Kapelle, auf welchen der Zug mittlerweile im Laufschritt zusteuerte, überließen sie kampflos den Naturgewalten. Der Regen hatte ihn weitgehend zerzaust, nun gab ihm eine Ostwindbö den Rest und fegte ihn fort.

Die Wachter Hedwig deutete dies als ein untrügliches Zeichen der Vergänglichkeit und sagte: »Des war's dann wohl!«

Maikäfer flieg

Im wunderschönen Monat Mai, als alle Knospen sprangen,
da ist in meinem Herzen die Liebe aufgegangen.«

Heinrich Heine war bereits fünfundzwanzig, als ihn das geschilderte Gefühl veranlasste, das Lyrische Intermezzo zu verfassen.

Ich war in der dritten Klasse und empfand wohl genauso, schrieb aber nicht darüber. Meinem Bruder Reinhold jedoch vertraute ich an, dass mir seit einigen Tagen die Braun Ursel nicht mehr aus dem Kopf gehe. Mein Bruder, der bereits in der sechsten Klasse war, sagte: »Des macht dr Mai.«

Dass dieser Zustand so vorübergehend wie ein Schnupfen sein sollte, bezweifelte ich dennoch, auch wenn mir die drei Jahre Erfahrung fehlten, die mein Bruder Reinhold mir voraus hatte.

Ich fürchtete vielmehr, ein Leben lang die Braun Ursel lieben zu müssen und sie eines Tages zu heiraten

– denn würde ich das nicht tun, so wäre mein Leben verpfuscht, weil unglücklich.

Zum Glück gab es die Maiandachten, wo man derlei Sorgen an höchster Stelle vorbringen konnte. Ich war kein begeisterter Kirchgänger, von den Maiandachten aber ließ ich keine aus. Mein Lieblingslied war »Meerstern wir dich grüßen«.

Auch meine Großmutter ging gerne zur Maiandacht. Zu Hause aber sang sie lieber: »Hinaus in die Ferne, mit sieba Fläschla Bier. Drei han i gsoffa, jetzt han i bloß no vier ...« Bevor sie dann weitersang, griff sie nach dem nächstbesten, losen Gegenstand, imitierte damit einen Schlag auf den Kopf und fuhr, die Melodie wieder aufgreifend, fort: »... ond wer die nemmt, dem hau i auf da Grend, dem hau i auf da Zapfa nauf, dass Bluat ra rennt.« Der Mai machte meine Großmutter offensichtlich besonders gesellig. Zu »Kaffee, mein Leben« und den ersten sechs Zeilen aus Uhlands »Schwäbischer Kunde« sowie ihren Glaruser Schwänken sang sie jetzt auch noch ein zotiges Lied.

Uns Kinder dagegen machte der Mai verliebt, es machte sich eine gewisse Geziertheit breit. Der Umgang wurde beinahe zärtlich. Selbst den Spreng-Zwillingen musste eine innere Stimme zugeflüstert haben, dass Mädchen nicht nur dazu da waren, sie in irgendeiner Weise zu quälen. Zwar zogen sie der Ilse aus der Ackerstraße noch immer die Zöpfe lang, zwickten sie auch in den Oberarm, die Waden und vorrangig in den Hintern, doch lange nicht so kräftig wie das Jahr über, und es schien, als hätte ihr Malträtieren etwas Werbendes.

Und die Ilse aus der Ackerstraße und alle anderen Mädchen quiekten bei jeder Berührung und wollten ausschließlich »Verliebt – verlobt – verheiratet« spielen oder sich hüftschwingend mit dem Hula-Hoop-Reifen zeigen. Ansonsten beschäftigten sie sich mit ihrer Schönheit.

Meine Cousine Renate bestand darauf, dass eine Maikönigin gewählt werden müsse, weil das bereits seit dem 13. Jahrhundert Brauch wäre. Die Wachter Hedwig stellte sich zur Verfügung, hatte aber nur Außenseiterchancen.

Unsere Lehrerin sagte: »Kein anderer Monat kann so viel Lob auf sich vereinigen wie der Mai«, und zitierte etliche Dichter, um ihre These zu beweisen.

Dabei schwebte sie durchs Klassenzimmer wie der Fallschirm einer Pusteblume. Die Spreng-Zwillinge legten ein Furzkissen unter ihren Stuhl und holten sie auf den Boden der Tatsachen zurück.

Den ganzen Tag über freute ich mich auf die Maiandacht, weil es danach auf dem Heimweg schon dämmrig war und die Straßenlaternen angingen.

Mein Bruder Karlheinz saß jetzt abends gerne noch mit der Rosemarie aus der Jakobstraße in der dunklen

Laube. Mit seiner Tenorstimme sang er: »Rosemarie, Rosemarie, sieben Jahre mein Herz nach dir schrie.« Weil er sehr leise sang, bekam seine Stimme nicht den gewohnten Ausdruck und klang eher schmalzig. Der Rosemarie aber muss sie dennoch gefallen haben, denn sie gurrte danach wie eine von Bolkarts Tauben.

Uns zog es zum Licht der Straßenlaternen, genau wie die Maikäfer, auf die wir in dieser Zeit Jagd machten. Ich beteiligte mich daran einzig der Braun Ursel wegen. Ich hätte ihr gerne einen *Kaiser* geschenkt, fing aber nur einen *Müller* und etliche *Schornsteinfeger*. Die Braun Ursel bedankte sich trotzdem und sperrte alle Maikäfer in einen Schuhkarton.

Die Wachter Hedwig sagte, das sei Tierquälerei. Sie zahlte zehn Pfennig Lösegeld und durfte damit den *Müller* freilassen.

Später erkaufte sie auch allen *Schornsteinfegern* die Freiheit. Dann öffnete sie den Schuhkarton und rief: »Maikäfer flieg!«

Wenn meine Mutter mich, später als sonst, ins Haus rief, saßen mein Bruder Karlheinz und die Rosemarie aus der Jakobstraße noch immer in der Laube.

Drinnen war von der Maienluft nichts zu spüren. Es roch nach der Kurmark meines Vaters. Der lag auf dem Sofa und las einen Wildwestroman. Meine Mutter gurrte nun auch ein wenig. Sie hatte eine Flasche Himmlisches Moseltröpfchen aus dem Keller geholt.

Mein Vater aber lehnte ab, weil sie gerade einen Pferdedieb hängten.

Meine Mutter roch an der entkorkten Flasche und machte einen zweiten vergeblichen Versuch, meinen Vater zu einem Himmlischen Moseltröpfchen zu verführen. Genervt bruddelte er: »Des Lebens Mai blüht einmal und nicht wieder. Hot scho onser Schiller gsagt!«

Urlaub oder: Tante Berta hat ein Meer

Es gab etliche Gründe, warum man mich um meine Tante Berta beneidete. Einmal des Wohnwagens wegen, aus dem heraus sie Käse, Butter und Eier verkaufte und damit so viel Geld verdiente, dass sie es sich leisten konnte, mich während der Ferien zwei Wochen lang bei sich aufzunehmen. Zum anderen aber beneidete man mich wegen des Orts, an dem meine Tante wohnte und zu dem ich per Zug und Schiff reisen musste, um bei ihr jene zwei herrlichen Wochen verweilen zu dürfen, die mir immer genügend Stoff für meinen Aufsatz »Mein schönstes Ferienerlebnis« lieferten. Auf ihn freute ich mich schon die ganzen Ferien über.

Und nicht nur ich, mein Lehrer freute sich darauf, meine Mitschüler, nur Helga Kühne freute sich nicht. Sie neidete mir meinen Aufsatz und sie neidete mir meine Tante Berta wie sonst niemand.

Helgas Privileg war es, davon erzählen zu dürfen, wie es ist, mit den Eltern richtig in Urlaub zu fahren.

In den Süden, wie sie sagte, ans Meer, das nach Salz schmeckt. Doch konnte sie in ihrem Aufsatz allenfalls davon berichten, wie sie die Langeweile am Strand von Rimini überlebte oder wie sie durch regelmäßiges Eincremen ihrer Haut gerade noch einem Sonnenbrand entkommen war. Ansonsten ereignete sich nichts, was eine derart lange Anreise hätte rechtfertigen können.

Mich störte außerdem, dass ihre Eltern das Wort Urlaub für ihre Italienreisen missbrauchten. Wenn mein Vater Urlaub hatte, dann strich er die Fensterläden und Fensterrahmen neu, und wenn er damit fertig war, war auch sein Urlaub zu Ende. Für Italien blieb da keine Zeit mehr.

Auch alle anderen Mitschüler, die sich ausnahmslos einer dreiwöchigen Freizeit auf dem Anwesen des Pfarrheims hingeben mussten, wussten Spannenderes zu berichten als Helga Kühne – selbst wenn die eigens aufgebauten Zelte nur für den Mittagsschlaf und nicht fürs Nächtigen gedacht waren. Doch Völkerball, Pfänderspiel und drei Mahlzeiten pro Tag, mit denen man zu kämpfen hatte, waren nicht das Schlechteste für einen Erlebnisaufsatz.

Doch kam nichts auf der Welt an meine Tante Berta heran, die bei meiner Ankunft am Hafen stand, mir zurief und winkte und mir, sobald ich an Land war, mein Gepäck abnahm und es abstellte, damit unsere Arme frei für eine Umarmung waren; jene kostete mich einige Überwindung, weil das bei uns zu Hause nicht üblich war. Meiner Tante zuliebe tat ich es dennoch.

Nachdem sie mich aus ihrer Umklammerung entlassen hatte, stellte sie verwundert fest, dass ich auch im vergangenen Jahr mein Wachstum noch nicht eingestellt hatte. Anschließend sagte sie: »Jetzt dua no zerschtmol Seeluft schmecka.«

Während meine Tante mit ihrem Wohnwagen auf den Wochenmarkt fuhr, ging ich zum Hafen, um den Reisenden zuzuschauen, wie sie in See stachen. Sehnsüchtig schaute ich ihnen nach und dachte, bald werden sie fremde Häfen in fremden Ländern anlaufen, die Schweiz oder Österreich hießen. Wenn meine Tante mich zum Hafen begleitete, wusste sie genau, wohin die einzelnen Schiffe fuhren und wie lange sie unterwegs waren. Mein Staunen darüber kommentierte sie lapidar: »Des wär nomol scheener, wenn i net wüsst', wer wann auf meim Meer romfährt.«

Das freilich leuchtete mir ein.

Manchmal, wenn wir gerade nicht zum Hafen gingen und meine Tante kein Marktgeschäft hatte, schmuggelten wir Schweizer Schokolade über die Grenze. Das war gefährlich, um nicht zu sagen waghalsig. Denn die Strafe für geschmuggelte Schokolade war gehörig. Zum Glück war meine Tante geübt im Schmuggeln. Dass sie außerdem kaltschnäuzig war, war von Vorteil.

Manchmal stachen wir auch selber in See. Dann tuckerten wir auf die Blumeninsel, auf der auch Bananen und Orangen wuchsen und Papageien schrien und auf der ein Schloss stand, in dem manchmal der schwedische König wohnte.

Meine Tante hatte auch einen Mann. Der hieß Onkel Schorri und hatte eine Wäscherei. Ich bekam ihn kaum zu Gesicht.

Einmal sagte er zu mir: »Mei Wäscherei lauft guad.« Frau Walser und Frau Zürn brachten nämlich jede Woche einen Sack Wäsche zu ihm. Das war allerdings auf die Dauer zu viel für ihn, sodass er mit Frau Walsers Wäschesack in Verzug kam. Er vertröstete sie so lange, bis sie ihre Wäsche woanders hinbrachte. Jetzt hatte Onkel Schorri wieder mehr Zeit für's »Blaue Eck«. Dort verbrachte er ganze Tage und Nächte. Den Sack von Frau Zürn schaffte er dennoch.

Im selben Jahr aber starb er. Es war im Herbst. Die ganze Verwandtschaft fuhr zu seiner Beerdigung. Ich bekam schulfrei. Die Beerdigung war an einem Montag, da hatte das »Blaue Eck« Ruhetag. So konnten der Wirt und die Stammgäste auch auf die Beerdigung kommen.

Außer ihnen kam noch Frau Zürn, die weinte am Grab mehr als die meisten Verwandten. Ihre Wäsche musste sie jetzt woanders hinbringen.

Noch in der Nacht reisten wir wieder zurück, obwohl heftiger Seegang war. Auf dem kleinen Motorschiff stand die ganze Familie an der Reling und kotzte ins Meer. Nur ich nicht. Ich kotzte erst bei der anschließenden Busfahrt. Mein Vater ließ sich zu dem Vorwurf hinreißen: »Du danzasch doch emmer aus dr Roih!«

Als Onkel Schorri tot war, kaufte sich meine Tante Berta einen Hund. Weil es auch ihn immer zum »Blauen Eck« zog, begann sie an Seelenwanderung zu glauben.

Am Tag meiner Abreise sagte meine Tante, dass der schwedische König ebenfalls heute wieder abreisen würde. Diese Gemeinsamkeit rührte mich. Meine Tante wusste von der Abreise, weil man auf der Insel die Fahne schon eingerollt hatte.

Später, auf dem Schiff, stellte ich mich dem Wind; so war ich für eine Zeit lang ein Seefahrer auf dem Schwäbischen Meer.

Erst in der Eisenbahn dachte ich wieder an meinen Aufsatz. Die lobenden Worte des Lehrers freuten mich jetzt schon. Ebenso die erstaunten Gesichter meiner Klassenkameraden. Besonders freute ich mich aber auf Helga Kühnes Gesicht. Obwohl ich ihren Neid verstehen konnte. Wer hatte schon eine Tante, der ein ganzes Meer gehörte.

Hennadäpper oder: Als die Wachter Hedwig den Regenwurm schluckte

Wenn ich den Kaiser fragte: »Wieviel Schrittlein schenkst du mir?«, und er antwortete: »Oin Hennadäpper«, dann setzte ich den rechten Fuß vor den linken und war zufrieden.

»Oin Hennadäpper« war zwar nicht die Welt, brachte einen aber doch dem Ziel ein Stück näher.

Ich weiß heute nicht mehr, wie man das Spiel beendete, ob es überhaupt ein Ende mit Sieger und Besiegten gab oder ob man irgendwann einfach nach Hause ging, zufrieden, weil um ein paar Hennadäpper reicher.

Gewiss, es gab Tage, da war uns ein Hennadäpper zu wenig. Doch ging es nicht vorwärts, dann ging es eben hoch hinaus. Mit den Stelzen betrachteten wir die Welt von oben herab. Nur der Scheller Uli, der einmal schlimm von den Stelzen gestürzt war, wollte überhaupt nicht mehr wachsen.

Ein anderer Zeitvertreib, der sich vor allem an Regentagen und im Winter großer Beliebtheit erfreute, war das Würfelspiel »Schokoladentafelessen mit Messer und Gabel«.

Würfelte man eine Sechs, musste man sich erst Schal und Handschuhe anziehen, danach mit Messer und Gabel die Schokoladentafel auspacken, um sie dann rippchenweise zu verzehren – so lange, bis der Nächste eine Sechs würfelte und einen ablöste.

Mein Bruder Reinhold bekam bei diesem Spiel meistens den Löwenanteil. Die Magie, mit der er den Würfel schüttelte, war unnachahmlich. Zudem zeichnete ihn ein zielgerichteter Umgang mit Messer und Gabel aus. Die Wachter Hedwig dagegen war, wenn sie je an die Reihe kam, so aufgeregt, dass sie schon Probleme bekam, den Schal und die Handschuhe anzuziehen.

Im Mai wurde fast ausschließlich »Verliebt – verlobt – verheiratet« gespielt, im Juni dagegen kaum noch.

Großen Anklang fanden auch die Doktorspiele. Ich richtete in der Gartenhütte ein Sanatorium ein. Die meisten Patienten klagten über Unterleibsprobleme und waren deshalb genötigt, bei der Untersuchung ihre Unterhose auszuziehen. Weil die Wachter Hedwig dabei kreischte, musste sie anästhesiert werden.

An den Sommerabenden, wenn die Männer rauchend am Zaun standen, um die Revolution in Kuba auszudiskutieren, spannten wir Kinder quer über die Straße eine Schnur und spielten Federball.

Im Winter war Eishockey angesagt, wobei mir der Bischofsstab, den mir der heilige Nikolaus zur Aufbewahrung anvertraut hatte, gute Dienste leistete.

Natürlich gab es auch Sensationen. Eine kündigte der Feucht Udo aus der Ackerstraße an: »D' Hedwig frisst fir a Zehnerle an Regawurm!«, schrie er und trommelte damit allerhand Volk aus der Jakob-, Kloster-, Meinloh- und Ackerstraße zusammen.

Mein Bruder Reinhold, der ansonsten eher zur Sparsamkeit neigte, war als Sponsor in Erscheinung getreten und hatte das Spektakel damit erst möglich gemacht. Wir alle waren ihm dankbar dafür. Auch die Spreng-Zwillinge, zu denen die Nachricht über geheime Kanäle gelangt sein musste, weil auch sie anwesend waren, als die Wachter Hedwig ihr Versprechen unter vielseitigem Staunen einlöste. Auch ich hielt den Atem an, als sie den Regenwurm, der so lang wie ein kurzer Bleistift gewesen sein mag, mit zwei Fingern in die Höhe hob, ihn eine Weile über ihrem geöffneten Mund baumeln ließ, ehe ich ihn darin Augenblicke später für immer verschwinden sah.

Ich weiß nicht, ob sie das aus purer Habgier gemacht hat oder nur um sich wichtig zu machen. Unsere Bewunderung hatte sie allemal. Selbst die Spreng-Zwillinge, die einiges gewöhnt waren, zeigten sich von dieser Tat so gerührt, dass sie der Wachter Hedwig die Möglichkeit einer Sondervorstellung in ihrem Hauptquartier anboten, was sie prompt ablehnte.

Manchmal spielten wir Mutprobe. Dazu musste man in den Keller und die Kellertür hinter sich schließen. Auf der Treppe war es wegen der Dunkelheit ratsam, gleich stehen zu bleiben. Jetzt musste man warten, bis an der Wand in Leuchtschrift das Wort »Schutzkeller« erschien. Weil man paarweise ging, war es eigentlich keine wirkliche Mutprobe. Es war eher ein Vorwand.

Am liebsten ließ ich mich mit meiner Cousine Renate einsperren, die war zwei Jahre älter als ich. Einmal ließ sie beim Küssen ein Bonbon von ihrem Mund in den meinen wandern. Dadurch schmeckte das Bonbon fast so verboten, als wenn es gestohlen wäre. Nach uns kamen mein Bruder Reinhold und die Helene aus der Jakobstraße an die Reihe.

Mit der Wachter Hedwig konnte ich eine Stunde lang eingeschlossen sein, ohne das Bedürfnis zu bekommen, sie zu küssen. Seit sie den Regenwurm geschluckt hatte, war ihr Mund für mich tabu.

Ein paar Jahre später hatten Baumeisters aus dem Haus vis à vis einen Feriengast. Der war zwar keine Sensation, aber doch eine willkommene Abwechslung. Wenn er von daheim erzählte, dann sagte er: »Bei eis drhoi …« Dass er nicht wie wir »ons«, sondern »eis« sagte, konnte uns stundenlang amüsieren.

Obwohl er von der Alb kam, hieß sein Lieblingsspiel »Berliner Mauer«. Er war der Flüchtling Peter Fechter, ein Mauerspringer, und wir, der Feucht Udo und ich, zwei Vopos, die ihn bei seinem Mauersprung abknallen mussten. Mindstens dreimal täglich sprang er über die Hecke in Henles Garten, rief dabei laut »Peter Fechter«, ehe er mit einem Schmerzensschrei auf der anderen Heckenseite aufprallte und liegenblieb. Nun mussten die beiden Vopos, der Feucht Udo und ich, den verletzten Peter Fechter zurück in die Ostzone schleppen, wo die Wachter Hedwig als Sanitäterin ihn medizinisch versorgte. Sie untersuchte den Mauerspringer gründlich, konnte aber nur noch seinen Tod feststellen.

Als ich anfing, Karl May zu lesen, verwandelte sich die Welt um mich herum ganz von selber: Ich war Winnetou, der Glöckler Wolfgang, mein Banknachbar, Old Shatterhand. Unsere Fahrräder hießen Iltschi und Hatatitla und waren Mustang-Rappen. Mein Vater war, da auch er eine Menge Karl-May-Bücher gelesen hatte, der weise Klekhi-Petra; meine Mutter dagegen eine namenlose Squaw, die sich hauptsächlich in der Küche aufhielt, um sich um Bärentatzen und Bisonlenden zu kümmern. Manchmal brachte sie auch eine erlegte Hirschkuh auf den Tisch.

Meine Großmutter saß im Rat der Alten. Ebenso mein Bruder Reinhold. Jeden Nachmittag saßen sie dort und beratschlagten. Meine Großmutter sagte: »Kaffee, mein Leben«, und mein Bruder Reinhold stimmte ihr allein durch seine Anwesenheit zu.

Die Wachter Hedwig war Nscho-tschi, meine Schwester, wurde aber schon bald von Santer ermordet. Ihr Grab errichteten wir am Silbersee. Die Blau war der Rio Pecos. Die Spreng-Zwillinge waren Desperados, Tramps, Pferdediebe oder Alkohol-Schmuggler. Schlamper, der alte Dackel von nebenan, war Dojan, der Windhund von Kara Ben Nemsi.

Wenn ich heute, so viele Jahre später, in die Gegend komme, um nach Spuren meiner Kindheit zu suchen, dann bin ich dankbar für jede Ruine, für jedes Stückchen Wiese, das von damals noch erhalten ist. Jede Taube, so hoffe ich, fliegt in Bolkarts Taubenschlag zurück und jeder Regenwurm nimmt sich vor der Wachter Hedwig in acht.

Und ich wünsche mir nichts sehnlicher, als dass mir der Kaiser noch einmal »oin Hennadäpper« schenkt.

Brot für die Welt

Nichts im Kosmos geschieht ohne Grund. Alles unterliegt einer höheren Ordnung, die uns Menschen meist so lange verborgen bleibt, bis wir das Ende des Regenbogens erreicht haben. Dort steht dann ein Topf, gefüllt mit Erkenntnis, nicht aber mit dem Gold, hinter welchem wir ein Leben lang unsinnigerweise her waren.

Wir hadern mit dem Schicksal, wenn im Leben nicht alles so verläuft, wie wir uns das vorgestellt hatten, und vergessen dabei, dass doch alles jener höheren Ordnung unterliegt.

Damals, als ich in der dritten Klasse war, haderte ich mit meiner Mutter, weil sie mich für das dreiwöchige Ferienlager auf dem Pfarrgelände angemeldet hatte. Ich wusste nicht, welche höhere Ordnung ansonsten dahinter stecken sollte, ich wusste nur, dass ich drei Wochen lang mein selbstbestimmtes Leben für eine mir vollkommen unsinnig erscheinende Sache aufgeben sollte.

Dass meine Mutter auch noch eine Mark pro Tag dafür bezahlte, ließ in mir Zweifel aufkommen sowohl an ihrer Erziehungsmethode wie auch an der Sorgfalt, mit der sie das Wirtschaftsgeld verwaltete.

Mein Gehorsam wurde deshalb trotzig und meine Gefügigkeit bekam etwas Selbstvernichtendes.

Das Leben, ich wusste es, war für einen Drittklässler ohnehin mit Prüfungen gespickt. Das dreiwöchige Ferienlager der Pfarrgemeinde aber, selbst wenn man abends wieder nach Hause gehen durfte, war eine unnötige Schikane. Der einzige Trost dabei war, dass ich sie mit etlichen anderen teilte.

Morgens um acht mussten wir im Pfarrheim antreten, wo die erste Prüfung bereits auf uns wartete. Das Frühstück. Obwohl keiner von uns krank war, bestand es aus einer Tasse Kamillentee und einem dünn bestrichenen Honigbrot.

Weil die Wachter Hedwig bereits am ersten Tag zu spät kam, wurde ihr das Frühstück verweigert. Es war eine erzieherische Maßnahme der Pfarrheimleitung. Dass die Wachter Hedwig die Strafe mit ehrlichem Heulen quittierte, brachte auch mich aus der Fassung. Zum Trost überließ ich ihr mein Honigbrot und den Tee. Ihre Begeisterung darüber wunderte mich fast mehr als ihre Tränen zuvor. Von nun an war die Wachter Hedwig jeden Morgen pünktlich, mein Frühstück bekam sie dennoch, die ganzen drei Wochen hindurch.

Nach dem Frühstück durften wir uns unter Aufsicht der Gruppenleiterin bei einem Völkerballspiel austoben.

Für die, die es nicht mehr wissen: Völkerball ist ein Spiel für zwei gleich große Mannschaften – eben die »Völker«. Ziel ist es, die gegnerischen Spieler mit dem Ball zu treffen. Wenn diese getroffen werden, ohne den Ball dabei zu fangen, müssen sie das Spielfeld verlassen und gelten dann als »Gefangene«. Gewonnen hat jenes Volk, das zuerst alle Spieler der Gegenpartei aus dem Feld geschlagen hat.

Da ich dem Völkerballspiel von Geburt an skeptisch gegenüberstand, wohnte ich dem Spiel auch jetzt eher leidenschaftslos bei und folgte dem Völkersterben unbeteiligt.

Wenn es regnete, war Malen oder Basteln angesagt. Unsere Gruppenleiterin ließ zwar abstimmen, entschied sich dann aber, selbst wenn die Mehrheit anders gewählt hatte, fürs Malen. Ihren Eltern gehörte das Farbenhaus in der Enderlegasse. Manchmal las sie uns auch eine spannende Geschichte aus dem Leben eines Heiligen vor, welches immer mit dem Märtyrertod endete.

Davon hungrig geworden, wartete schon das Mittagessen, eine weitere Prüfung, auf uns. Da in Sigmund Freuds »Abriss der Psychoanalyse« das Phänomen der Verdrängung ausführlich erklärt wird, will ich an dieser

Stelle nur anfügen, dass weder der Stichler Josef noch die Molfenter Lissy sich an irgendein Mittagsmahl im Pfarrheim erinnern können. Auch der Maichel Bernd tappte bei meiner Frage nur hilflos im Dunkel unserer gemeinsamen Vergangenheit. Lediglich die Wachter Hedwig faselte irgendwas von Nudeln, war sich aber nicht sicher.

Dem Mittagessen schloss sich ein zweistündiger Mittagsschlaf an, der in den eigens dafür aufgestellten Zelten vollzogen werden musste. Da einem Drittklässler über einen Zeitraum von drei Wochen täglich ein zweistündiger Mittagsschlaf nicht zugemutet werden kann, war die Gruppenleiterin bereit, uns einen Teil des Schlafes zu erlassen, wollte aber im Gegenzug eine Heiligenlegende vorlesen. Da die zweistündige Mittagsruhe eingehalten werden musste, galt es, einen Heiligen mit einem besonders langen Martyrium zu finden.

Danach folgte in den meisten Fällen ein Pfänderspiel. Außer der Wachter Hedwig zeigte niemand großes Interesse daran. Vielleicht noch die Spreng-Zwillinge. Wenn die Gruppenleiterin geheimnisvoll einen Gegenstand hinter ihrem Rücken versteckt hielt und fragte: »Wem gehört das Pfand in meiner Hand, was soll derjenige tun?«, dann forderten die Spreng-Zwillinge die Höchststrafe und riefen: »Der soll die Wachter Hedwig küssen!« Die kicherte vor Entzücken und ließ es geschehen.

Der Höhepunkt einer jeden Ferienwoche aber war eine Schnitzeljagd im Maienwald. Die Gruppenleiterin tat alles, um der Schnitzeljagd das letzte Stückchen Spannung zu rauben. Weil ich der Wachter Hedwig mein tägliches Honigbrot schenkte, wich sie nicht mehr von meiner Seite. Und als sie der feindlichen Gruppe zugelost wurde, desertierte sie.

Die letzte und zugleich schwerste Prüfung eines jeden Tages aber war das Abendessen. Dass es sich bei dem Heißgetränk um einen Pfefferminztee handelte, wurde uns in der Küche mehrfach bestätigt. Welche Brote jedoch mit Streichkäse und welche mit Streichleberwurst bestrichen waren, darüber ließ man uns drei Wochen lang im Unklaren. Die Antwort – »Des werrad ihr dann scho merka« – erwies sich als falsch, denn die Brote waren auch rein geschmacklich nicht voneinander zu unterscheiden.

Das Brot selbst muss in großen Mengen zu Beginn der Ferienwochen geliefert worden sein, da es sich von Tag zu Tag schwerer kauen ließ. Der Herstellungsort wurde geheim gehalten.

Da in den ersten Tagen das Abendessen sich ungebührlich in die Länge zog, ein Grund für das Hilfspersonal den verdienten Feierabend einzuklagen, erlaubte die Heimleitung uns, die Brote quasi als Wegzehrung mitzunehmen. Das kam uns gelegen, weil wir die Brote jetzt auf dem Heimweg hinter einer Plakatwand entsorgen konnten. Dort türmten sie sich bald zu einem enormen Berg auf.

Ich weiß nicht mehr, wie die Sache eines Tages herausgekommen ist. Ob wir von einem Spitzel der Pfarrheimsleitung beobachtet wurden oder ob es einen Verräter unter uns gab, der uns angezeigt hatte. Auf jeden Fall war das Donnerwetter, das die Pfarrheimsleitung am nächsten Morgen losließ, gewaltig. Dem folgte eine nicht enden wollende Predigt unseres Pfarrers. Brot wegzuwerfen, meinte er, wäre eine Sünde, auch wenn dies nicht ausdrücklich in den Geboten stand. Er ließ eigens den Lichtbildapparat aufbauen, um uns Bilder von halb verhungerten Negerkindern zu zeigen, die zwar farbenprächtig, doch vorwurfsvoll von der aufgespannten Leinwand auf uns herabblickten. Wir saßen im verdunkelten Raum und schämten uns kollektiv. Lange wusste keiner ein Wort zu sagen, bis der Stichler Josef vorschlug, unser Abendbrot den Negerkindern zu überlassen, wofür er, ungerechterweise, eine Ohrfeige bekam. Ich stellte mich auf seine Seite, um ihn zu verteidigen, doch meine Stimme war selbst für einen vorsichtigen Widerspruch zu dünn. Dennoch musste sie irgendwo vernommen worden sein, denn im selben Jahr wurde die Hilfsaktion »Brot für die Welt« gestartet, die sich von nun an der Not leidenden Menschen in Afrika und Asien annahm.

Schulausflug

Klassenfahrten oder Schulausflüge, wie wir dazu sagten, gehören laut dem Schulrecht unseres Landes nach wie vor zum festen schulischen Repertoire. Die Teilnahme ist demzufolge Pflicht und die Befreiung davon nur durch eine besondere Genehmigung möglich. Der Schulausflug soll helfen, Schüler und Lehrkräfte einander näher zu bringen, darüber hinaus soll er Wissen und Bildung in anschaulicher Art und Weise fördern.

Da jeder Schulausflug auch ein rein geographisches Ziel haben muss, soll dieses von qualifizierten Lehrern profunde ausgewählt werden.

An unserer Schule, die ihren Namen dem Minnesänger Meinloh von Sevelingen verdankt, muss es vor vielen Jahren bereits solch einen Lehrer gegeben haben, der für alle Zeiten zwei Ziele ausgewählt hatte, um nicht zu sagen dogmatisierte.

Es waren dies die Schieferbrüche von Holzmaden sowie die Stadt Rothenburg ob der Tauber.

Während man als Erstklässler sich noch mit einer Wanderung ins Butzental begnügen musste, um die heimische Pflanzenwelt kennen zu lernen, als Zweitklässler ebenfalls, allerdings von Herrlingen aus, wohin man zuvor mit dem Zug hatte fahren dürfen, hatte man als Drittklässler bereits Anspruch auf einen richtigen Schulausflug. Der führte nach Holzmaden, wo wir Antwort auf die uns brennende Frage bekamen: Welche Lebewesen bevölkerten vor etwa 180 Millionen Jahren das Jurameer? Die Antwort: Es waren ein zwei Meter achtzig langer Plesiosaurier, ein fast vier Meter langes Ichthyosaurier-Muttertier mit einem bereits geborenen Jungen und fünf Embryonen im Leib, ferner ein zwei Meter siebzig langer Steneosaurier, ein wuchtiger Dapedius sowie eine große Kolonie von Seelilien. Ein Relief zeigte zudem, wie die Juraschichten heute gelagert sind.

Dem Leitsatz folgend »Nicht für die Schule, sondern für das Leben lernen wir«, durften wir später im Grabungsschutzgebiet Fossilien sammeln, wobei die soeben erworbenen theoretischen Kenntnisse praktisch anzuwenden waren. Bei dieser wissenschaftlichen Grabung zeigte sich, wie unterschiedlich die Herangehensweisen der einzelnen Schüler waren. Während der Stichler Josef nach einer Stunde schon eine ganze Kollektion der wichtigsten Fossilien aus Lias, Dogger und Malm beisammenhatte, achtete der Kaupper Bernhard darauf, dass er nicht zu viel Gewicht zum Bus schleppen musste. Bei der Molfenter Lissy hingegen sollten die Fundstücke gerade so groß sein, dass sie in ihren Geldbeutel passten, der Mack Erich wiederum stellte seine leere Vesperdose den Grabungsschätzen zur Verfügung.

Leider benutzten die Spreng-Zwillinge die Fossilien lediglich als Wurfgeschosse, ließen also jegliches wissenschaftliches Interesse vermissen und bekamen deshalb einen Verweis.

Ähnlich eigennützig handelte der Maichel Bernd. Er suchte bloß deshalb nach einem besonders ausgefallenen Fossil, weil er der Braun Ursel damit imponieren wollte. Ihr hätte er selbiges verehrt, nur um sich bei ihr Vorteile mir gegenüber zu verschaffen. Zum Glück gehörte sein Fund in den Bereich der Unerheblichkeiten.

Keiner wusste, warum die Wachter Hedwig lediglich die kleinen Feuersteine sammelte, da es diese auch bei uns zuhauf gab. Ihre Antwort, dass man mit ihnen Funken schlagen könne, fand niemand plausibel, auch wenn sich dabei ihre Stirn in geheimnisvollen Falten runzelte. Vielleicht sollten diese Stirnfalten aber nur Ausdruck dafür sein, welches Wissen sich, geradezu spielerisch, hinter denselben in kürzester Zeit anstauen konnte.

Dass dieses bei uns angehäufte Wissen im folgenden Jahr einen gewaltigen Zeitsprung zur Folge hatte, war dem bereits erwähnten, qualifizierten Lehrer zu verdanken, der Rothenburg ob der Tauber als Ziel der nächsten Klassenfahrt festgelegt hatte. Die Welt war inzwischen um rund 180 Millionen Jahre älter geworden und wir in der vierten Klasse.

Denjenigen, die nicht das Glück gehabt hatten, auf der Meinloh-von-Sevelingen-Schule gewesen zu sein, sei gesagt, dass Rothenburg ob der Tauber im Jahr 1274 freie Reichsstadt wurde und auch jetzt noch einiges zu bieten hat, wie zum Beispiel den Tilman-Riemenschneider-Altar in der Jakobskirche, den auch wir seinerzeit flüchtig bewundert hatten; ein Historiengewölbe, in welchem Szenen aus dem Dreißigjährigen Krieg korrekt, aber leblos nachgestellt werden. Höhepunkt jedoch ist eine bestens ausgestattete Folterkammer, die auch bei unserem Schulausflug damals am meisten Zeit beanspruchte.

Ein Museumswärter übernahm die Führung und erklärte uns, wie man mit einem Stachelstuhl, mit Daumenschrauben und glühenden Zangen und mit Weihwasser getränkten Spitzruten ein Geständnis erzwingen konnte.

Anders als in Holzmaden fielen die Spreng-Zwillinge jetzt durch Lernbegierde auf. Sie zeigten an nahezu allen Folterinstrumenten Interesse. Wie weit sich der Körper durch das Streckbett strecken ließ, regte ihren Bildungstrieb ebenso an wie die Anwendung des mit

Stacheln besetzten Leibgürtels oder die Frage, welche Körperteile man mit der glühenden Zange bevorzugt zwickte. Auch der hohen Kunst des Radflechtens schenkten sie Beachtung, ja, selbst die Beschaffenheit der Holznägel, die unter die Fingernägel der vermeintlichen Delinquenten getrieben wurden, weckte ihre Aufmerksamkeit. Zuletzt bedauerten sie nur, dass es nicht wie in Holzmaden auch einen praktischen Teil des Unterrichts gab.

Einmal unterbrach unsere Lehrerin den Museumswärter und warf ein, wie gut wir es doch heute hätten. Sie ließ den Satz in der Schwebe, musterte einzeln ihre Schüler, bevor ihr Blick fasziniert an dem Schandesel hängen blieb, auf welchem faule Schüler einst ihre Strafe verbüßen mussten.

Obwohl wir die Meinung unserer Lehrerin sonst nur selten teilten, fand ihre Bemerkung weitgehende Zustimmung. Völlig einstimmig dagegen wurde der Vorschlag des Mack Erich angenommen, unseren Hausmeister in die Trinkertonne zu stecken, eine Schandstrafe für notorische Wirtshaushocker.

Währenddessen starrte der Kaupper Bernhard, der seiner Tante wegen neuerdings jeden Donnerstag mit einer Blockflöte zu kämpfen hatte, mit fasziniertem Grauen auf die Schandflöte für schlechte Musiker und war der Vorsehung dankbar, dass er erst drei Jahrhunderte später ins Weltgeschehen eingreifen durfte.

Im Übrigen wandte sich der Maichel Bernd von allen Folterwerkzeugen angeekelt ab. Als Arzt, der er einmal werden wollte, hatte er schließlich den Auftrag, den Menschen die Schmerzen zu nehmen und sie ihnen nicht zuzufügen. Die Braun Ursel zeigte sich von so viel Humanität beeindruckt, wollte aber doch wissen, ob sich mit dem Keuschheitsgürtel auch ungehindert pinkeln ließe.

Inzwischen hatte die Wachter Hedwig ihren Kopf in eine der Öffnungen der Doppelhalsgeige für zänkische Frauen gesteckt. Nun brachte sie ihn in nicht mehr heraus. Der Museumswärter wollte sie dabehalten. Unsere Lehrerin war dagegen.

Als wir ins Freie traten, wo die Sonne uns blendete, äußerte unsere Lehrerin noch einmal den Satz, wie gut wir es doch heute hätten, und ließ ihn wieder in der Schwebe. Ob absichtlich, um uns Schülern einen Augenblick des Nachdenkens zu gewähren, oder weil im selben Moment unser Bus heranfuhr, bleibt ihr Geheimnis. Ein Geheimnis, das, wie so manche Bestimmung unserer Schulordnung auch, ein Geheimnis bleiben sollte.

Mein Vater erzählt mir vom Krieg

Wenn mein Vater mir früher vom Krieg erzählt hat, dann davon, wie er für die Einwohner von Saloniki Kartoffelsalat gemacht hatte. Er sagte: »Mei Kartoffelsalat, der hot dene Griecha g'schmeckt.«

Lange Zeit glaubte ich deshalb, dass der eigentliche Sinn des Krieges darin bestand, fremde Völker mit Kartoffelsalat zu versorgen.

Dass ein Krieg aber viel, viel schrecklicher als alles andere war, damit rückte mein Vater erst Jahre später heraus. Da gestand er mir dann, dass Leichen seine Wege säumten und erhängte Partisanen in den entlaubten Bäumen ein grausames Grab fanden. »Da g'wöhnsch de net dra!«, sagte er, manchmal mit Tränen in den Augen, und sein Blick floh in den Himmel; vielleicht hatte er es auch damals so gemacht, weil er diesem Tod nicht länger in die Augen schauen konnte.

Die zweite Kriegsgeschichte, von der er erzählte, spielte bereits nach dem Krieg und handelte davon, wie eine uniformierte Russin ihm den Ehering vom Finger gezogen hat. Weil mein Vater den Krieg verloren hatte, stand ihr, der Siegerin, der Ehering zu. Zu Hause merkte er, dass ihm nicht nur der Ehering fehlte, sondern auch alle Zähne; die waren ihm in der Gefangenschaft ausgefallen.

Wenn mein Bruder Karlheinz mir vom Krieg erzählte, dann von der Bombennacht im Dezember 1944, in der mein Großvater zum Held wurde, weil er mit bloßen Händen die Brandbomben aus dem Haus entfernte. Das Haus wäre sonst wie viele andere Häuser in unserer Stadt abgebrannt.

Meine Schwestern erzählten mir vom Hunger, der sie in jenen Zeiten geplagt hat, und von ihrer Angst im Luftschutzkeller.

Mein Bruder Hans, der älteste von uns Geschwistern, wollte, als der Krieg schon verloren war, die Invasion der Alliierten aufhalten. Die Amerikaner waren aber in der Übermacht.

Weil ich glaubte, das Schlimmste bei einem Krieg sei die Niederlage, hatte ich Mitleid mit meinem Vater und meinen Geschwistern, weil sie den Krieg verloren hatten. Erst spät lernte ich andere Begriffe, die mir den Krieg erklärten: Judenverfolgung, Massenvernichtung, KZ.

Mein Lehrer Willy Hein erzählte uns Schülern von einem anderen Krieg. Er redete von Menschenverachtung. Unser Lehrer selbst war von der Gestapo verfolgt worden, weil er Kontakte zu Malern unterhalten hatte, deren Werke der entarteten Kunst zugezählt wurden, und zu Schriftstellern, deren Bücher man öffentlich verbrannt hatte. Dass er außerdem eine jüdische Großmutter hatte, machte die Sache nicht leichter. Irgendwann war er in die Schweiz emigriert, hatte aber zurück müssen und war dann an die Front geflohen, um als Sanitäter die Not um ein Staubkorn kleiner zu machen.

Nun interessierte es mich nicht mehr, was mein Vater und meine Geschwister über den Krieg wussten. Mich interessierte, was sie mir verschwiegen hatten.

Das Wort Schuld aber ließen sie nicht gelten.

Von Auschwitz hatten sie nichts gewusst, von Buchenwald nichts und nichts von Majdanek.

Meine Brüder waren in der Hitlerjugend und meine Schwestern beim BdM gewesen. Sie erzählten mir von Fackelzügen und Ferienfahrten und von den Aufmärschen bei der Fahnenweihe.

Von der Programnacht erzählten sie nichts, verschwiegen mir auch, was sie denn geglaubt hatten, was mit ihren jüdischen Nachbarn geschehen war.

Als Kinder haben wir in dem ehemaligen KZ am Oberen Kuhberg gespielt. Dort stand noch immer über dem Eingang: »Wir wollen hinter Hitler stehen und sollte es durch die Hölle gehen.« Vielleicht klebte auch noch das Blut der Gefolterten an den Wänden.

Oder es spukte noch ihre Angst in den Verliesen, denn Angst hat eine längere Haltbarkeit, als man glaubt.

Für uns Kinder war es ein unheimlicher Ort, ohne dass wir wussten warum. Mein Vater sagte mir, dort hätte man die Hitlergegner gefangen gehalten. Was man mit ihnen gemacht hatte, verschwieg er. Vielleicht wusste er es auch wirklich nicht. Oder er weigerte sich, es zu glauben.

Als mein Vater mir später vom Krieg erzählte, da traute ich seinen Worten nicht mehr. Von den Rechtfertigungen hatte ich genug. Vielleicht wünschte ich mir, dass er sich schämte.

Als in einer Geschichtsstunde der Rektor Rauneker die Klasse fragte, ob denn der Hitler von Anfang an schlecht gewesen sei oder sich erst nach und nach dazu entwickelt habe, da merkte ich, dass die Zeit der Rechtfertigungen noch lange nicht vorüber war.

Wenn ich heute, so viele Jahre später, mit meinen Geschwistern Weihnachten feiere und mein Bruder Karlheinz erzählt von der Bombennacht im Dezember 1944, vom Großvater oder vom Hunger damals oder von der Angst im Luftschutzkeller, dann scheint für einen Augenblick auch meine Kindheit, ohne alles Wissen um die Geschichte, zurückgekehrt. Dann wünsche ich mir, dass mir mein Vater vom Krieg erzählt, davon, wie er in Saloniki für die Griechen Kartoffelsalat gemacht hat. Und davon, dass mein Onkel Gustl, der im

Krieg bei den Fliegern war, ihn mit dem Flugzeug in Saloniki besucht und gleich eine Portion von seinem Kartoffelsalat mitgegessen hat, damit er den Krieg vollends gut überstehe.

Und das wäre schon die ganze Wahrheit.

Das magische Dreieck

Von den Wänden der ringsum überdachten Tribünen des Ullevi-Stadions in Göteborg hallt es wider, dieses unaufhörliche »Heja«, dieser Kampfruf der Schweden, der aus fünfzigtausend Kehlen wie Donnerschläge auf die deutschen Spieler da unten niederprasselt. Dem 1 : 0 der Deutschen folgte ein billiges Tor zum Ausgleich, dem ein Handspiel eines Schweden vorausgegangen war, dann sorgte der Platzverweis des unermüdlich kämpfenden Juskowiak in der 58. Spielminute für eine weitere Benachteiligung unserer Mannschaft und jetzt wurde unser Fritz Walter vom schwedischen Läufer Parling so böse gefoult … doch der ungarische Schiedsrichter, dieser Herr Zsolt, belässt es bei einer Verwarnung …

Am Spielfeldrand wird Fritz Walter von helfenden Händen behandelt. Wenn dies das Ende der internationalen Laufbahn unseres Fritz Walter ist, dann hat er sich einen unvergesslichen Abschied aus dem Kreis seiner Freunde geschaffen. Kämpfend fiel er in einer seiner größten Stunden einem »Foul« zum Opfer ...

Doch Fritz Walter kommt zurück, mit schwer bandagiertem Bein. In diesen unglücklichen Minuten, in denen Hamrin und Gren für die Entscheidung sorgen, will er seine Kameraden nicht allein lassen ...

Es war der Abend des 24. Juni 1958, als mein Bruder Karlheinz, mein Bruder Reinhold, mein Vater und ich vor dem Radio saßen und die Reportage vom Halbfinalspiel der Fußballweltmeisterschaft Schweden gegen Deutschland hörten.

Mein Bruder Reinhold heulte vor Zorn über die Niederlage durch die Schweden und mein Bruder Karlheinz lief wutschnaubend durchs Wohnzimmer und ließ kein gutes Haar an dem ungarischen Schiedsrichter.

Am nächsten Tag wunderte ich mich, dass wir beiden Nationen nicht den Krieg erklärt hatten.

Zum Glück wurde am Ende Brasilien Weltmeister. Und unsere neuen Helden hießen Didi, Vava und Pele.

Ein ähnlich magisches Dreieck bildeten damals der Mack Erich, der Maichel Bernd und ich. Obwohl wir erst Drittklässler waren, forderten wir die Fünftklässler zu einem Spiel heraus. Ich stiftete den Silberpokal, den mein Großvater im Jahre 1900 als Radfahrer gewonnen hatte. Dass ein Radfahrer und nicht ein Fußballspieler die Trophäe zierte, störte keinen.

Mein Bruder Reinhold machte den Schiedsrichter. Er war ein Sechstklässler und damit unparteiisch.

Am Spieltag überraschte uns der Stichler Josef, der als Fußballer vollkommen ungeeignet war, mit vier himmelblauen, akkurat geschnittenen Eckfahnen. Er hatte sie aus dem Hemd seines Vaters geschnitten. Dass es dessen Lieblingshemd gewesen war, bescherte ihm am Abend eine Tracht Prügel.

Es war ein sehr heißer Sommertag damals und wir hatten Anstoß, worüber ich froh war, denn der Anstoß ist der vielleicht schönste Moment eines Spieles, weil es noch an der Schwelle steht und somit noch alles möglich ist.

Die Fünftklässler hatten sich bereit erklärt, mit nacktem Oberkörper zu spielen. Dass wir die Hemden anbehalten durften, kam mir entgegen. Mein Bruder Reinhold hatte sich eine richtige Schiedsrichterpfeife für diesen Tag ausgeliehen.

Als der Mack Erich also bereitstand, um mir am Mittelkreis den Ball zuzuschieben, stand das Spiel noch an der Schwelle und hatte doch schon seinen Höhepunkt erreicht. Ich nahm den Ball an und spielte ihn an den Maichel Bernd weiter. Danach flachte das Spiel zusehends ab.

Mein Bruder Reinhold hatte allerdings immer mehr Freude an seiner Schiedsrichterpfeife. Er pfiff öfter damit, als es wirklich notwendig gewesen wäre. Auch der

Stichler Josef hatte seine Freude am Spiel. Er war jedes Mal entzückt, wenn es Eckball gab und seine Fähnchen im Blickpunkt standen.

Bei den Fünftklässlern spielte der Frommer Uli und schoss drei Tore. Das reichte, um gegen uns zu gewinnen. Dass er auch noch den Pokal entgegennehmen durfte, schmerzte.

Zum Glück war es ein Wanderpokal und nur bis zum nächsten Spiel sein Eigentum. Beim nächsten Mal mussten sie gegen die Sechstklässler antreten. Die Sechstklässler gewannen mit 4 : 1. Mein Bruder Reinhold schoss kein Tor, nahm aber den Pokal in Empfang und stellte ihn daheim auf den Dachboden zurück.

Zur Firmung schenkte mir meine Schwägerin Elli ein Paar Puma-Fußballschuhe mit Schraubstollen. Wir spielten inzwischen im Verein. Das magische Dreieck funktionierte noch immer.

Mit der Zeit merkte ich aber, dass ich nicht zum Stürmer geboren war, obwohl es bis dahin nichts Schöneres für mich gegeben hatte, als ein Tor zu schießen. Ich hasste es aber, wenn ein Verteidiger in mich grätschte oder mich sonst irgendwie foulte. Da man nur als Torwart vor derlei Angriffen einigermaßen sicher ist, war ich froh, dass mein Torwarttalent bald entdeckt wurde. Mein Vorbild war der Ulmer Torhüter Wolfgang Fahrian, der zuerst auch ein Feldspieler war, dann aber sogar im Tor der Nationalmannschaft stand.

Manchmal schaute ich ihm beim Training zu. Da flog er nur so zwischen den Torstangen hin und her, fing und faustete die Bälle, dass es eine Lust war ihm zuzuschauen.

Hinter dem Tor standen immer auch einige hübsche, meist blonde Mädchen und himmelten ihn an. Da fasste ich den vagen Entschluss, auch einmal Nationaltorwart zu werden.

Doch damals, als wir Drittklässler waren und gegen die Fünftklässler spielten, da war ich noch Stürmer, genau wie der Maichel Bernd und der Mack Erich. Und als der Maichel Bernd den Mack Erich in die Gasse schickte und der allein auf den Torwart zulief, da schoss er nicht selbst, sondern sah, dass ich mitgelaufen war und schob den Ball an dem herausstürmenden Torwart vorbei zu mir her, sodass ich es war, der das Tor schießen durfte.

Da es schon 3 : 0 für die Fünftklässler hieß, bejubelten wir das Tor nicht so ausgelassen, wie wenn es der Siegestreffer gewesen wäre. Und vielleicht erinnere auch nur ich mich noch an dieses Tor, das an unserer Niederlage nichts mehr geändert hatte.

Vom magischen Dreieck aber war noch lange die Rede!

Sommergeschichte

Im August ging, wenn ich den Worten meiner Tante Cilly trauen durfte, jeder halbwegs vernünftige Mensch in die Blau zum Baden. An der kleinen Brücke war die Blau so flach, dass sie mir nur bis an die Knie reichte. Watete ich aber ein Stück weit in Richtung der Umkleidehäuschen, stand mir das Wasser schon am Bauch. Seit der Stichler Josef mit einem blutenden Fuß aus dem Wasser kam, weil er in eine Glasscherbe getreten war, mied ich das Wandern im Wasser und erkannte die Glasscherbe als meinen natürlichen Feind an, so wie auch die Spreng-Zwillinge, die irgendwo im Ufergras lauerten, weil sie mich tunken wollten.

Die Wachter Hedwig paddelte mit einem Auto-Schlauch bis zum Damenbad. Auf dem Auto-Schlauch war sie vor Glasscherben sicher. Von den Spreng-Zwillingen hatte sie, seit sie den Regenwurm geschluckt hatte, ohnehin nichts zu befürchten.

Im Damenbad war das Wasser höher, aber ruhiger. Die darin schwimmenden Damen passten sich ganz dem Niveau des Wassers an. Im Herrenbad dagegen waren die Achtklässler unentwegt damit beschäftigt, sich gegenseitig ins Wasser zu werfen. In ihrer Nähe lief man Gefahr, ein willkommenes Opfer zu werden. Weil ich nicht schwimmen konnte, mied ich deshalb auch das Herrenbad und irgendwann die Blau überhaupt.

Der Asphalt war in diesen Tagen so heiß, dass mir die Füße brannten, doch empfand ich dies als das kleinere Übel. Vor Glasscherben, den Spreng-Zwillingen und von den außer Rand und Band geratenen Achtklässlern war man auf der Straße jedenfalls sicher.

Damals lernte ich, dass es auch möglich war, allein Fußball zu spielen. Ich übte den Torschuss an den Kellerfenstern und das Dribbeln um die Teppichstangen. Ohne mich wären Garten und Straße menschenleer gewesen. Selbst der Schlamper-Dackel ließ sich nicht blicken.

Wenn ich zehn Pfennige hatte, lief ich bis zum Westplatz und kaufte mir ein gebrauchtes Sigurd-Heft. Der weite Weg in der prallen Sonne lohnte sich. Die drei Helden Sigurd, Bodo und Cassim bestanden jedes Abenteuer. Ich wünschte mir, die Spreng-Zwillinge hätten in jener Zeit gelebt.

Wenn alle vom Baden genug hatten, war die Straße nicht mehr wie ausgestorben. Dann war der Gäge der Ritter Sigurd, mein Bruder Reinhold der Ritter Bodo und ich ihr Knappe Cassim.

»Wir tragen Mut im Herzen und Schwerter in den Scheiden!« Mit diesen Worten begann jedes Mal unser Abenteuer. Dabei reckten wir unsere Holzschwerter in die Höhe, sodass die Spitzen unserer Klingen einander berührten. Mit dem Gäge als Ritter Sigurd war es eine Lust, die Spreng-Zwillinge zu jagen. In seiner Nähe kannte ich keine Furcht. In letzter Zeit wollte er aber immer nur meine Cousine Renate, die ein Burgfräulein war, aus den Klauen eines Raubritters befreien.

Einmal stellte sich auch die Wachter Hedwig als Burgfräulein zur Verfügung. Da meinte der Gäge, es wäre wieder einmal an der Zeit, dass wir die Spreng-Zwillinge jagten, und überließ das Burgfräulein ihrem Schicksal.

Der Höhepunkt eines jeden Sommers war das Söflinger Kinderfest, bei dem es auch einen Umzug gab. Einmal führte unser Schuster, der den Vogelschutzverein vertrat, auf einem Festwagen Volieren mit Singvögeln mit. Die Volieren waren als Waldlandschaft gestaltet. Meine Cousine Renate ging als Rotkäppchen vor dem Festwagen her. Neben ihr ging ein Sanitäter mit seinem Schäferhund an der Leine. Dem Schäferhund hatte man ein rotes Tuch um den Hals gebunden. Er war der böse Wolf. Meine Cousine Renate hätte lieber den Schlamper-Dackel als Wolf mitgenommen, bekam aber keine Erlaubnis, weil der Schlamper-Dackel keine Hitze mehr vertrug. Ich kam mit der Hitze besser zurecht, obwohl ich in einem Bärenkostüm steckte. Trotzdem war der Sanitäter immer in meiner Nähe. Weil ich sehr glaubwürdig tapste und man mich deshalb zunächst für einen richtigen Bären hielt, bekam ich eine Menge Beifall.

Anschließend gab es auf der Turnerwiese allerhand Wettspiele. Eierlaufen, Sackhüpfen, Ringewerfen und Wurstschnappen. Der Mack Erich gewann das Sackhüpfen und das Eierlaufen, mein Bruder Reinhold das Wurstschnappen. Die Wurst wollte er aber dann doch nicht essen und gab sie an den Schäferhund weiter. Das Ringewerfen beendete ich als Zweiter und bekam eine Wasserpistole dafür. Die Wachter Hedwig heimste sämtliche Trostpreise ein. Beim Eierlaufen versagten ihre Nerven bereits am Start. Vielleicht hätte sie das Zigeunerkostüm ausziehen sollen, das sie beim Umzug getragen hatte.

Obwohl es ein Kinderfest war, wurde auf dem Klosterhof hauptsächlich Bier ausgeschenkt. Dort saßen die Erwachsenen auch noch, als alle Kinder längst im Bett waren.

Ein Jahr später schloss ich mich dem Turnverein an und ging als Bulgare. Auch der Vögele Joachim, der Maichel Bernd und der Mack Erich waren Bulgaren. Wir mussten in unseren Kommunionsanzugshosen erscheinen. Auch ein weißes Hemd war Vorschrift. Meine Schwägerin Elli, die für den Turnverein den Festumzug betreute, band mir eine rote Schärpe um den Bauch und drapierte einen blauen, randlosen Hut auf meinem Kopf. Schon war der Bulgare fertig.

Auch als Bulgare bekam ich Beifall, wenn auch bei weitem nicht so viel wie als Bär.

Der Mack Erich gewann auch in diesem Jahr das Eierlaufen und das Sackhüpfen. Mein Bruder Reinhold beteiligte sich nicht mehr beim Wurstschnappen, was der Wachter Hedwig zugute kam. Die Wurst nahm sie mit nach Hause wie auch die Trostpreise fürs Eierlaufen und Sackhüpfen.

Wenn die Sommertage kühler wurden und die Badesaison zu Ende ging, überkam mich ein heimliches Gefühl der Erleichterung. Zwar würde aus mir, meiner Tante zufolge, niemals ein halbwegs vernünftiger Mensch werden, weil ich dem Badebetrieb der Blau auch weiterhin fernblieb, aber schließlich brauchte die Welt auch Bulgaren und einen tauglichen Bären.

Ovuts-Avaht in Not

Die häufigsten Familiennamen Irlands sind: O'Connor, Kelly, Walsh, O'Brien, O'Sullivan, McCarthy, Brennan, Doyle, Collins und O'Leary. Der Name Beierle dagegen ist in Irland so gut wie unbekannt. Dennoch war jeder in unserem Ort der Meinung, dass Karl Beierle, der seit einiger Zeit in der stillgelegten Textilfabrik an der Blau hauste, die im Volksmund schlichtweg Lompahacke, zu Deutsch also Lumpenhacke genannt wurde, in Irland geboren war, zumindest aber dort längere Zeit verbracht haben musste. Ein Indiz dafür mag gewesen sein, dass Karl Beierle das Kronenbier, auf welches die Söflinger von jeher stolz waren, verschmähte und in Gasthäusern, welche er selten, aber doch gelegentlich besuchte, jedes Mal nach einem Guinness, einem irischen Bier also, verlangte.

Die Entrüstung der Wirtsleute hielt sich in Grenzen, ein gern gesehener Gast aber war der Beierle Karl nicht. Und es schien, dass niemand ihn vermissen würde, wenn er wieder nach Irland zurückkehren würde.

Uns war er deshalb im Weg, weil die Lompahacke der zentrale Punkt unseres neu abgesteckten Territoriums war, welches hier zum besseren Verständnis der weiteren Geschichte näher erläutert sein will.

Der Fallenstock, jene steil abfallende Wiese am Ende der Klosterstraße, sowie die angrenzenden Krautgärten waren Apachengebiet, die Gärten und Felder auf der anderen Seite der Blau, die jetzt der Rio Pecos war, gehörten den Komantschen. Das Wehr lag genau dazwischen, also im Grenzgebiet, was zu Konflikten führte. Links vom Wehr war die Lompahacke, die bis zum Eintreffen des Iren Karl Beierle das Lager der Pelzkompanie war, wohin Trapper und Indianer ihre Felle brachten.

Am Wehr wurde ein Teil des Blauwassers abgeleitet und stürzte sogleich als Wasserfall in den Fallenstock, wo es sich zu einem Tümpel staute, der fortan der Silbersee genannt wurde.

Der See trägt übrigens den Namen nicht wegen der Silberpappeln am Ufer, sondern weil ich den silbernen Wanderpokal des Söflinger Radvereins, welchen mein Großvater im Jahre 1900 gewonnen hatte, dort versenkte.

Ein paar Anmerkungen noch zu den Personen: Am liebsten wäre der Maichel Bernd Winnetou gewesen. Da er aber später ohnehin Arzt werden wollte, überredete ich ihn, mir den Winnetou zu überlassen, um stattdessen als Medizinmann Erfahrungen zu sammeln. Als Old Shatterhand kam nur der Glöckler Wolfgang in Frage, weil er der Stärkste in unserer Klasse war. Außerdem war er mein Banknachbar. Dass er ein Fahrtenmesser besaß, ermöglichte unsere Blutsbrüderschaft.

Der Mack Erich hatte ein Luftgewehr und war somit Old Surehand; der Erdmann Manfred mein Adoptivsohn Tujunga. Der Stichler Josef ein Westmann mit Namen Pit Holbers, auch das alte Coon genannt. Die Komantschen bestanden aus ihrem Häuptling Tangua (Udo Feucht). Bernd Bölstler, Joachim Vögele, Bernhard Kaupper und Frieder Sauter waren nur namenlose Komantschen.

Es war ein ganz normaler Tag, ohne besondere Vorkommnisse. Wie immer hatten die Komantschen den Stichler Josef, der jetzt Pit Holbers war, gefangen genommen und an den Marterpfahl gebunden.

Also beschlichen mein Blutsbruder und ich die Komantschen, konnten aber nichts Wesentliches in Erfahrung bringen. Dennoch war eine Befreiung ohne vorheriges Beschleichen ausgeschlossen.

Zurück von unserem Kundschaftergang, schlug Old Surehand vor, Pit Holbers, das alte Coon, mit ein paar gezielten Schüssen zu befreien. Tujunga war dagegen. Er wollte bei einem Überraschungsangriff seinen Tomahawk ausprobieren. Ich war dafür, den Feind erstmal zu umzingeln; ein Vorschlag, dem allgemein zugestimmt wurde. Bei der Durchführung meines Planes fiel leider unser Medizinmann in die Hände der Komantschen. Jetzt startete mein Adoptivsohn Tujunga einen Überraschungsangriff, indem er seinen Tomahawk nach einem namenlosen Komantschen warf. Der Tomahawk traf den anvisierten Schädel, spaltete ihn aber nicht.

Da der weitere Kampfverlauf ausgeglichen war und somit kein Ende abzusehen, kam meinem Blutsbruder Old Shatterhand wieder die Idee mit dem Gottesurteil.

Tangua murrte, weil er schon wieder gegen Old Shatterhand kämpfen musste, fügte sich aber. Es begann, da es sich um ein Gottesurteil handelte, ein Kampf auf Leben und Tod.

In den ersten fünf Minuten ließ sich Old Shatterhand von Tangua in die Enge treiben, Sekunden später aber beendete er mit seiner Schmetterhand den Kampf.

Als Tangua leblos liegen blieb, beruhigte ich die übrigen Komantschen und sagte: »Tangua ist nicht tot, er schläft nur.« Wieder schenkte Old Shatterhand dem Komantschenhäuptling das Leben und mein Adoptivsohn band Pit Holbers, das alte Coon, vom Marterpfahl. Old Surehand befreite den Medizinmann, dieser wiederum hatte sich um die Wunde, die Tujungas Tomahawk angerichtet hatte, zu kümmern.

Ein namenloser Komantsche (Bernd Bölstler oder Frieder Sauter) stopfte indessen die Friedenspfeife. Der Medizinmann hatte Streichhölzer, so konnte das Kalumet von Hand zu Hand gehen und der Rauch in alle Himmelsrichtungen geblasen werden.

Anschließend ging es vereint zum Silbersee, um den Schatz zu heben. Auf dem Weg dorthin tauchte die Wachter Hedwig auf und behauptete, Winnetous Schwester zu sein. Der Mack Erich (Old Surehand) klärte sie auf, dass diese bereits tot sei, und zeigte ihr zum Beweis ihr Grab.

Der Stichler Josef (Pit Holbers, altes Coon) schlug vor, die Wachter Hedwig als Versorgungstrupp einzusetzen. Die Wachter Hedwig sagte spontan zu, doch muss ihr unterwegs etwas zugestoßen sein, weil der Proviant niemals ankam.

Kaum waren wir am Silbersee und damit beschäftigt, den Pokal des Söflinger Radvereins (Schatz) zu heben, hörten wir Hilferufe und diese, wie ich richtig vermutete, in der Utah-Sprache.

Mit einem Blick erkannte mein Blutsbruder Old Shatterhand die Situation: Die Spreng-Zwillinge hatten einiges Volk aus der Weststadt um sich gesammelt, alles ruchlose Tramps, wie man auf Anhieb feststellen konnte. Und die waren dem Ruoß Seppl, der ein harmloser Utah-Häuptling mit Namen Ovuts-Avaht war, dicht auf den Fersen. Sie jagten ihn durch die Blaugärten und über das Wehr, trieben ihn zur Lompahacke und hetzten ihn auf die Wehrmauer. Als wir Übrigen die Sachlage erkannten, rannte Old Shatterhand bereits vorneweg den Fallenstock hoch, um dem Utah-Häuptling beizustehen, der auf die Wehrmauer geflohen war. Gleich streckte er zwei, drei Tramps mit der bloßen Faust nieder und rannte den anderen hinterher. Ovuts-Avaht aber war auf dem glitschigen Grund ausgerutscht, konnte sich jedoch mit den Händen gerade noch an der Mauer festhalten, während unter ihm das Wasser des Rio Pecos sprudelte und rechts am Ufer die Spreng-Zwillinge mit ihren Tramps schadenfroh grölten.

Mein Adoptivsohn Tujunga und ich sprangen auf die Mauer und wollten den Ruoß Seppl hochziehen, doch der Utah-Häuptling war schwer wie ein Mehlsack. Und Old Shatterhand, der vielleicht stark genug gewesen wäre ihn hochzuziehen, verfolgte mit Old Surehand und dem Medizinmann bereits die versprengten Tramps.

Ich riet dem Utah-Häuptling, sich ins kniehohe Wasser gleiten zu lassen, nicht ahnend, dass er in dem zwar niedrigen, doch reißenden Wasser keinen Halt finden würde. Doch bald sah ich das Unglück unter mir. Der Ruoß Seppl ging unter und tauchte auf, schnappte wie ein Fisch nach Luft und ging wieder unter.

Da stürzte plötzlich ein Mann aus der Lompahacke, den wir sofort als den Iren Karl Beierle ausmachten. Der riss sich die Jacke vom Leib und watete durch das eiskalte, reißende Wasser des Rio Pecos. Mühsam kämpfte er sich bis zu der Stelle vor, an welcher er Ovuts-Avaht zu fassen bekam.

Der Ire zog ihn an Land, schleppte ihn in die Lompahacke und hatte auch uns, alle Apachen, Komantschen und Westmänner im Schlepptau. »Kommat no rei«, sagte er. Und machte dann heißen Kakao für uns alle. Dem Utah-Häuptling gab er trockene Kleidung und hängte das nasse Zeug vor den Ofen.

Klappernd saß auch der Utah-Häuptling vor dem Ofen. Der Ire wollte wissen, wie das alles passiert sei. Da erzählte ich ihm die Geschichte, auch dass die Lompahacke einmal das Lager der Pelzkompanie war.

Den ganzen restlichen Nachmittag saßen wir bei ihm. Einmal bat ihn der Stichler Josef, er solle etwas von Irland erzählen. Da sagte der Beierle Karl, dass er in Schwieberdingen, wo er bis jetzt gewohnt hätte, einen Iren kenne, der ihm früher zuweilen ein Sechserpack Guinness geschenkt hatte. Kurioserweise würde der Ire aber mit Nachnamen Holland heißen.

Hier in Söflingen aber, meinte der Beierle Karl, hätte er keine Freunde.

Ovuts-Avaht war da anderer Meinung und schlug dem Iren sogar die Blutsbrüderschaft vor. Glücklicherweise hatte Old Shatterhand sein Fahrtenmesser dabei.

Die Heimstraß-Oma

Im Gegensatz zu meiner Großmutter Amalie war die Heimstraß-Oma dick und wirkte wie ein aus der Form geratener Hefekloß, besonders, wenn sie in ihrem Sessel thronte. Ich staunte stets aufs Neue, wenn ich Zeuge wurde, wie sie den ohne hydraulische Hilfe verließ, um die Keksdose vom Schrank zu holen.

Über der Kommode hing das Bild meines Großvaters, der lange vor meiner Geburt gestorben war.

Seit dem Tod ihres Mannes wohnte die Heimstraß-Oma allein. Mein Vater besuchte sie jeden Samstag, fast immer nahm er mich mit. Wir fuhren mit der Straßenbahn, ein Stück mussten wir zu Fuß gehen.

Ich freute mich dann immer auf die Heimstraß-Oma. Wenn ich kam, dann öffnete sie die Keksdose und ich durfte mich bedienen. Meinem Vater aber warf sie ihre Einsamkeit vor. Dass bei uns zu Hause kein Platz war, wollte sie nicht einsehen. Beim Abschied gab sie meinem Vater dennoch fünf Mark Taschengeld und sagte, er solle sie nicht verrauchen.

Bei Familienfeiern war die Heimstraß-Oma immer erst ein wenig beleidigt. Sie tat dann, als gehöre sie nicht wirklich dazu. Dann setzte sich meine Schwester Suse auf ihren Schoß und die Heimstraß-Oma schmolz, wie Erdbeereis in der Sonne, dahin.

Als sie eingesehen hatte, dass sie bei uns nicht wohnen konnte, wollte sie ins Altersheim. Ihr Wunsch klang wie eine Drohung. Jedes Mal, wenn mein Vater und ich sie besuchten, sagte sie: »I will ens Altersheim.«

Als sie im Altersheim war, wollte sie nur noch sterben.

Für uns blieb sie auch im Altersheim die Heimstraß-Oma.

Wenn mein Vater sie dort besuchte, begleitete ich ihn noch immer, wenn auch nicht mehr so gerne wie früher. Die Kekse waren alt geworden. Und jedes Mal wollte sie sterben.

Sie klagte, niemand besuche sie. Wenn mein Bruder Karlheinz oder mein Bruder Hans oder sonst wer aus der Familie sie besuchte, tat sie so, als erkenne sie denjenigen nicht.

»Wer bisch jetzt du?«, fragte sie dann und zog dabei die Stirn in Falten.

Gab der Besucher seinen Namen preis, zeigte sie sich verwundert: »Jetzt hädd i di fast nemme kennt!«

Das war ihr liebster Vorwurf.

Wenn mein Vater und ich sie samstags besuchten, dann jammerte sie.

»I ben halt emmer alloi.«

»'s b'sucht mi doch koiner.«

»Wenn i doch sterba könnt.«

Sie ließ ihre Vorwürfe in ebendieser Reihenfolge antreten.

Zuletzt sagte sie auch meinem Vater: »Jetzt hädd i di fast nemme kennt.« Die fünf Mark Taschengeld aber vergaß sie nie.

»Pfui, do staubts«
oder: Die Magie der Sprache

Manchmal sagte mein Vater zu mir: »Dir werr i Mores lehra.«
Ansonsten wurde wenig Latein bei uns gesprochen. Meine Mutter versuchte sich streng zu geben, fand aber nie das passende Wort. Die Magie der Wörter lernte ich dennoch früh. Im Märchen brauchte einer nur zu sagen: »Sesam, öffne dich.« Schon tat ein Berg sich auf und offenbarte einem unglaubliche Schätze. Auch in der Kirche gehörten derlei Wortwunder zur sonntäglichen Tagesordnung: »Herr, sprich nur ein Wort, so wird meine Seele gesund.«

Wenn der Schlamper-Dackel eine Sirene hörte, heulte er auf. Im Krieg hatte er die Bomber schon gehört, bevor die Sirenen warnten, und ist dann in den nahen Roten-Berg-Wald gelaufen.

Befehle dagegen überhörte er, überhaupt stellte er sich bei Wörtern stur, es sei denn, es handelte sich um die Aufforderung zum Fressen. Im Gegensatz zu ihm war der Bernhardiner vom Gärtner Ilg geradezu versessen auf Befehle. »Sitz« und »Fass« konnte er am besten. Wenn er aber selbst entscheiden wollte, wurde es in seiner Gegenwart gefährlich.

Mit den Truthähnen verhielt es sich da komplizierter, da nicht Gehorsam, sondern Eitelkeit sie auszeichnete. Wobei es ihr Geheimnis bleiben wird, ob ihnen der ungefiederte Kopf und ihr Hals, welche beide noch mit Warzen bedeckt sind, oder die aufstellbaren roten Fleischklunker Anlass zu dieser Eitelkeit geben. Ich tippe aus Erfahrung auf die roten Fleischklunker. Manchmal machten die Wachter Hedwig und ich uns nämlich einen Spaß daraus, uns der Gefahr des Truthahngeheges auszusetzen. Wenn ein Truthahn dann kollerte und auf die Wachter Hedwig losging, dann lenkte ich seine Aufmerksamkeit mit den Worten »Truthahn, mei Rot isch viel scheener als dei's« auf mich.

Ich weiß nicht, ob der Truthahn verstand, was ich meinte, aber ich weiß, dass er bei diesem Satz von der Wachter Hedwig ließ und laut zeternd auf mich losging, während die Wachter Hedwig sich in Sicherheit bringen konnte.

Einen anderen Beweis für die Magie der Wörter lieferte mir der Erdmann Manfred, der mich einmal mit in die Enderlegasse nahm, wo ein Mann wohnte, von dem der Erdmann Manfred behauptete, er würde es nicht ertragen, wenn man in dessen Nähe den Satz »Pfui, do staubts!« aussprach.

Obwohl der Erdmann Manfred nicht weit von der Enderlegasse wohnte, zweifelte ich. An diesem Nachmittag aber sollten sich seine Angaben vollauf bestätigen.

Wir steuerten also schnurstracks auf das halbverfallene Haus in der Enderlegasse zu, in welchem der Sonderling wohnte. Als der Erdmann Manfred ihn vor dem Haus ausgemacht hatte, zog er mich am Arm dicht vor das Hoftor, an welchem der Kauz lehnte, und sagte unvermittelt und laut und mit einer für ihn ungewohnten Deutlichkeit: »Pfui, do staubts!« Kaum waren die Wörter über seine Lippen gegangen, ließ er mich stehen und rannte los. Fast im selben Augenblick aber hatte der Mann mich schon am Arm gepackt.

»Was hosch du do gsagt?«, fragte er drohend.

»Nix«, sagte ich und setzte dabei eine Unschuldsmiene auf, die ihn zu verunsichern schien. Als ich dann noch in die Richtung zeigte, in der er noch den Erdmann Manfred davonrennen sah, ließ er mich los und ich setzte, ohne jede Hast, meinen Weg fort.

Bis heute kann ich mir nicht erklären, warum ihn gerade dieser Satz so wütend werden ließ. Glaubte er, wir seien der Meinung, er würde Staub aufwirbeln oder er hätte Staub aufgewirbelt? Und befürchtete er nun eine Anklage deswegen? War er für den Staub im Allgemeinen verantwortlich? Oder war die schmutzige Kleidung, in der er steckte, einzig der Grund für den aufgewirbelten Staub? Sah er eine Anspielung darin, dass wir, und somit eben auch er, wieder zu Staub werden würde, er aber nicht daran erinnert werden wollte?

Mit diesen vagen Vermutungen ließ er uns zurück und nahm sein Geheimnis mit ins Grab, welches ihm im selben Jahr noch beschieden war.

Ich aber war um eine hart erkämpfte Weisheit reicher geworden: Es gab Sätze, die einem das Tor zum Reichtum öffneten, für andere wiederum konnte man verhaut werden. Die Magie der Wörter aber schien unerschöpflich zu sein.

Wenn die Wachter Hedwig sich mit geschlossenen Augen vor den Spiegel stellte und fragte: »Spieglein, Spieglein an der Wand, wer ist die Schönste im ganzen Land?«, und dann, neugierig auf die Antwort harrend, die Augen aufmachte, dann wusste auch sie um die Magie der Wörter.

Theater, Theater

So wie man in Zürich, Hamburg und München in diesem Jahr weitgehend auf klassisches Theater setzte, griff auch ich auf ein Stück mit bereits bewährter Handlung zurück. Es hieß »Der gestohlene Räuber« und spielte größtenteils im kriminellen Milieu.

Mein Ensemble bestand aus dem Kasper und der Gretel, die vor allem in den Liebesszenen brillierten, der Großmutter, als schrulliger Alten, die stets den Schutzmann, einen absoluten Tölpel, mit Beschwerden überhäufte. Sie behauptete, dass ein Räuber sie bestohlen hätte, nicht ahnend, dass Kasper, ihr eigener Neffe, hinter dem Diebstahl steckte. Seitens seiner Gretel war er einem enormen Erfolgsdruck ausgesetzt, da diese, vom Sozialneid zerfressen, Ansprüche monetärer Art als Gegenleistung für ihre Liebesdienste geltend machte.

In den Nebenrollen überzeugten der Räuber, vor allem in seiner Anklage gegen die Ungerechtigkeit, sowie die Figuren von Tod und Teufel, die sich um dessen Seele stritten.

Ich hatte meine Bühne vor dem Hintergrund der Gartenhütte aufgebaut. Mein Bruder Reinhold saß an der Kasse; für Schüler gab es Ermäßigung. Er schlug auch die Glocke an, Zeichen dafür, dass der Vorhang sich gleich öffnen würde. Ich war nervös, obwohl ich schon über einige Theatererfahrung verfügte. Doch lastete die Verantwortung einer eigenen Bühne ungemein schwerer.

Meine erste Theatererfahrung hatte ich beim Krippenspiel gesammelt, welches die Apostel inszeniert hatten. Obwohl es ein Krippenspiel gewesen war, hatte dem Teufel die Hauptrolle gebührt, gespielt von meinem Bruder Karlheinz. Mein Bruder Reinhold und ich glänzten damals als Hirten, wobei ich ihn noch an die Wand gespielt hatte. Mein kurzer, aber in die Welt horchender Monolog: »Da ist ja eine Musik los? Um Mitternacht? Das ist kurios!«, riss die Zuschauer zu einem Szenenapplaus hin, ebenso meine frohe, doch nachdenkliche Zwiesprache an der Krippe: »Das Kindlein wacht jetzt auf, oh Frau, aufschlagen tuts die Händ' und seine Äuglein sind so blau als wie das Firmament.«

Mein Bruder Karlheinz bekam bei seinem Auftritt als Teufel Blitz und Donner mit, was seine Aufgabe erleichterte und seine Wirkung gleichzeitig erhöhte.

Für alle gab es zehn Vorhänge und hinterher ein warmes Essen.

Im folgenden Jahr spielte ich unter der Regie unseres Lehrers Herrn Schüle im Märchenstück »Der Wolf und die sieben Geißlein« das sechste Geißlein, welches nach einem kurzen, aber herzzerreißenden Hilferuf ein Opfer des Wolfs wurde.

Wegen einer mangelhaften Besetzung in den Hauptrollen, mit dem Feucht Udo als Wolf und der Wachter Hedwig als siebentem Geißlein, spielten wir das Stück mit wechselndem Erfolg. Weder der Feucht Udo als Wolf, der zu sehr das Klischee des Bösen vorkehrte, noch die Wachter Hedwig als verschüchtertes, dummes Geißlein überzeugten.

Aus diesen Fehlern hatte ich gelernt.

Während mein Bruder Reinhold für einen flüssigen Abverkauf der Karten sorgte und die Wachter Hedwig sich in die erste Reihe vordrängte, waren die Spreng-Zwillinge drauf und dran die Vorstellung zu sabotieren. Um das zu verhindern, erhielten sie freien Eintritt, mussten sich aber in die hintere Reihe setzen.

Beim dritten Gongschlag begann das Stück.

In der Pause schenkte mein Bruder Reinhold Limonade aus. Der Erlös sollte einem guten Zweck zugeführt werden; er verriet aber nicht welchem. Die Spreng-Zwillinge wollten nun auch das Getränk umsonst. Die Wachter Hedwig dagegen, dass es weiterging. Auf die Liebesszene zwischen der Gretel und dem Kasper musste sie aber bis zum letzten Akt warten.

Das Stück endete in einer einzigartigen Apotheose. Alle sahen ihr Unrecht ein. Bis auf den Räuber. Das letzte Wort hatte die Großmutter, indem sie philosophierte: »Räuber bleibt Räuber.«

Sie bekam eine Menge Applaus. Am meisten jedoch die Gretel und der Kasper. Die Spreng-Zwillinge ließen den Räuber hochleben und riefen »Zugabe«.

So waren am Ende alle zufrieden, auch mein Bruder Reinhold, der allerdings für die nächste Vorstellung eine längere Pause beantragte.

Kinderfreundlich

Er saß im Interregio. Ich erkannte ihn sofort. Und das, obwohl ich ihn seit vier Jahrzehnten nicht gesehen hatte. Dr Gäge.

Ich setzte mich ihm gegenüber. Da erkannte er mich auch.

»Griaß de«, sagte er. Sein Gruß aber brachte nichts in Bewegung. Umständliche Floskeln bauten wir zwischen uns auf. Dann schaute ich aus dem Fenster. Und dachte an ihn, den Gäge.

Er war viel herumgekommen in der Welt. Sogar den Mount Everest hatte er bestiegen. So hoch hinauf wollte er. Und weit weg. Schon immer. Mein Bruder hatte mir erzählt, der Gäge wäre zur See gefahren. Als Steward. Und hätte später den Tauchlehrer gemacht, weil er wissen wollte, wie es sich auf dem Meeresgrund leben lässt. So tief hinab wollte er.

Auch jetzt schien er weit weg, obwohl er mir gegenübersaß. Vielleicht war es der Anzug, in dem er steckte. Es sah aus, als hätte man ihn darin eingesperrt.

Sein »Griaß de« aber klang wie früher. Klang wie damals, als er unsere Straßenolympiade gewonnen hatte. Seine Sätze in die Sandgrube waren nicht zu überbieten gewesen. Keiner warf den Speer so weit wie er. Der Fallenstock reichte für seine Würfe nicht aus. Und beim Laufen, da war er der Schnellste. Und so ausdauernd, dass er meinen Bruder Reinhold bei dem Rennen um die Häuserzeilen Meinlohstraße, Jakobstraße, Ackerstraße überrunden konnte.

Ich fragte nach seinen Eltern. Sein Vater war lange tot. Die Mutter aber hatte er bis zuletzt gepflegt. Hatte seine Reisen zur See, auf die Berge und zum Meeresgrund für sie unterbrochen.

Ich dachte an die Kindergeburtstage. Der Kuchentisch ein Schlaraffenland. Sahnetörtchen, Eismeringen, Zuckerwaffeln. Und Kaba floss in solchen Mengen.

Wie ich denn als Kind seine Eltern empfunden hätte, fragte er plötzlich.

»Kinderfreundlich«, antwortete ich, nach kurzem Nachdenken.

Er wiederholte das Wort und lächelte bitter. Und sein Blick floh plötzlich vor dem meinen.

Ich fragte nach Rosa, seiner Schwester.

»Die haben wir heut' beerdigt«, antwortete er. Und erzählte mit wenigen Sätzen, dass ihr Leben ein trauriges gewesen war. Dass der Vater ihr das angetan habe, darüber sei sie nie hinweggekommen.

Als der Interregio später in den Bahnhof einfuhr, standen wir auf und der Gäge nahm eine Reisetasche aus dem Gepäcknetz, öffnete deren Reißverschluss und zog ihn wieder zu.

Es schien, als würde er das Wort »kinderfreundlich« mit in sein Gepäck nehmen und hätte nicht leicht zu tragen daran.

Ein Sputnik über dem Haus

Einmal ist mein Vater mit uns vors Haus gegangen, weil wir auf den Sputnik warteten. Weil der Sputnik nicht kam, bin ich wieder reingegangen. Außerdem musste ich aufs Klo.

Als ich wieder in den Garten ging, war der Sputnik schon da gewesen. Mein Bruder Reinhold lachte schadenfroh. Ich ärgerte mich, dass er nun wusste, wie ein Sputnik aussah, ich aber nicht.

Auch der Schlamper-Dackel war, trotz der Dunkelheit, noch draußen. Dass er den Krieg miterlebt hatte, hatte mich früher schon nachdenklich gestimmt. Jetzt hatte er mir auch noch den Sputnik voraus.

Das Leben meiner Mutter war ebenfalls mit verpassten Möglichkeiten gespickt. Im Versäumen hatte sie eine Vorbildfunktion. Kein Tag, an dem sie sich nicht vorwurfsvoll an die Stirn geklopft und gesagt hätte: »Hädd i doch …«

Ich ging damals gerade erst zur Schule. Unser Lehrer hieß Herr Schüle und hatte immer seine Gitarre im

Unterricht mit dabei. Jeden Tag spielte er uns ein Lied darauf vor. Außerdem brachte er uns das Lesen bei. Die Helden in unserer Fibel hießen Lotte und Hans. Weil es im Schulhaus keinen Platz für uns Erstklässler gab, waren wir im Spritzenhaus untergebracht. Auch in der zweiten Klasse noch. Mit Herrn Schüle war es dort wie im Paradies. Mein Nebensitzer hieß Reinhard Allinger. Mit der dritten Klasse kam auch die Vertreibung. Wir mussten ins große Schulhaus umziehen. Außerdem bekamen wir eine Lehrerin, die Frau Dreiseitl hieß. Das Wort »streng« hörten wir nun häufig. In Betragen bekam ich ungenügend. Das Leben wurde so, wie ich es befürchtet hatte.

Auch unser Herr Schüle war vertrieben worden, ich wusste aber nicht wohin. Vielleicht hätte ich mich ihm angeschlossen.

Wenn ich von der Schule heimkam, hantierte meine Mutter noch aufgeregt mit dem Mittagessen. Vor lauter »Hädd i doch ...« war sie nicht fertig geworden. Immer wollte sie etwas anderes auf den Tisch bringen, als was es dann tatsächlich gab. Mein Bruder Reinhold meldete deshalb täglich seinen Wunsch auf Miracoli an. Sein Sinn für alles Praktische machte schon damals die Runde.

Bei Sonne und Wind bedauerte meine Mutter: »Hädd i doch heit bloß g'wäscha!« Ihr selbstvernichtender Vorwurf erlangte, wenn es am nächsten Tag regnete, die Steigerung: »Hädd ich doch gestern bloß g'wäscha!«

Täglich quälte das Leben sie mit Alternativen, ihren Fehlentscheidungen und Versäumnissen kam sie kaum noch hinterher.

Vor lauter »Hädd i doch …« brachte sie nichts zu Wege – oder, ihrer Meinung nach, eben das Falsche. Manchmal war meine Mutter wie die Wachter Hedwig.

Vielleicht aber brauchte sie ihre vielen kleinen Versäumnisse auch, damit das Eigentliche genügend Platz hatte.

So habe auch ich, meiner Mutter nacheifernd, häufig ein »Hädd i doch …« in die Welt gesetzt, aus Furcht, etwas verpasst zu haben, doch nur den Sputnik damals, habe ich wirklich versäumt.

Eine Gedenkminute für Hans Frey

Er kam erst später dazu, wollte aber dann von Anfang an dazugehören. Unsere Lehrerin setzte ihn in die erste Bank. Uns im Rücken zu haben, war für ihn mehr als nur ein geflügeltes Wort. Mit seinen Faxen wollte er sich profilieren oder nur um Anerkennung betteln. Wir waren ein ungnädiges Publikum.

Obwohl der Hans groß und korpulent war, war er doch nur ein Hänschen.

Ein Foto zeigt ihn während des Religionsunterrichts: Er dreht sich, wie so oft in jeder Schulstunde, nach uns um. Vielleicht hatte er gerade wieder eine Bemerkung von sich gegeben, die der Vikar aus Rücksicht überhört hat. Ein Lacher, für den der Frey Hans als Urheber zeichnete, machte ihn selig.

Doch wer dazugehören will, muss mehr als nur den Clown spielen. Der Frey Hans hat es gemerkt und ist in unseren Fußballverein eingetreten. Beim Training war er einer der Fleißigsten. Doch war er auch dort nur der Clown, wenn auch nicht freiwillig. Weil er so groß und breit wie ein Fels war, steckten wir ihn in die Verteidigung.

Bei den Pflichtspielen saß er aber fast immer auf der Bank. Nur ab und zu, wenn keine elf Spieler aufzutreiben waren, wurde er eingesetzt. Weil er es uns recht machen wollte, hatten es dann die Gegner nicht leicht.

Der Schiedsrichter musste ihn gleich bei seinem ersten Einsatz vom Platz stellen. Da hielt er sich künftig zurück. Dem Trainer war das aber auch nicht recht und er ließ ihn nun überhaupt nicht mehr spielen. Da saß der Frey Hans dann neben dem Trainer auf der Ersatzbank und feuerte uns an.

Vielleicht hatte es ihn schon glücklich gemacht, dass er dabei das Trikot unserer Mannschaft anhatte und vor Beginn des Spiels die Eckfahnen stecken und mit dem Streuwagen die Außenlinien markieren durfte.

Nach jedem Spiel saß er als einer von uns im Turnerheim und zeigte seine Siegesfreude mehr als alle anderen. Und wenn wir verloren hatten, dann war sein Geknicktsein unserem über.

Weil er stets nur ein geduldeter Clown war, hielten wir seinen Tod für einen Witz. Doch sein Herz hatte eines Nachts tatsächlich einfach aufgehört zu schlagen.

Beim nächsten Spiel legten wir eine Gedenkminute ein.

Zweiundzwanzig Spieler, die eine Minute lang ihr Spiel unterbrechen, um still dazustehen und an ihn zu denken. Mehr hatte der Frey Hans sich nie gewünscht.

Downtown oder:
Wie ich Vera Vetrovec kaufte

Mein Onkel Franz war der Meinung, dass man für Geld alles im Leben bekommen könne. Dass er diese Ansicht bei jeder sich bietenden Gelegenheit mit dem Satz »Alles hot sein Preis« manifestierte, brachte meine Tante Cilly gelegentlich auf die Palme. Und so antwortete sie ihm kurz, aber bestimmt: »Alles net, Franz.«

Als meine Tante mich aber an jenem Abend, von dem noch die Rede sein wird, ans Telefon rief, weil ein ihr unbekanntes Mädchen nach mir verlangte, schloss ich mich ganz dem Dogma meines Onkels an. Alles hatte seinen Preis. Selbst Vera Vetrovec, meine erste große Liebe.

»Downtown«, tönte es aus dem Radio, »Downtown« von Petula Clark. Seit Wochen die Nummer eins der Hitparade. Die Winnetou-Melodie auf Platz drei, dazwischen die Beatles.

Und ich hörte zu, versunken in schwere Gedanken, die sich nahtlos in die Downtown-Takte fügten, als

Tante Cilly durchs Treppenhaus rief, jemand verlange am Telefon nach mir. Eine Mädchenstimme wärs, aber kein Name dahinter.

Onkel Franz und Tante Cilly hatten bereits Telefon, wir noch nicht. Aber ich durfte angerufen werden. Dem Maichel Bernd habe ich die Nummer gesagt, weil die auch schon Telefon hatten. Und Vera. Ihr aber nur, weil ich stolz darauf war, telefonisch erreichbar zu sein. Und Vera hatte damals dann auch angerufen, meiner Tante, wie es sich schickte, ihren Namen gesagt und gefragt, ob sie mich ans Telefon rufen könnte.

Wenn meine Tante telefonierte, dann sprach sie vornehmer als sonst. Ein deutlich akzentuiertes Hochdeutsch war das, voller Ehrfurcht vor dem technischen Fortschritt, der bei ihnen nun eingekehrt war. Diesen Ton behielt sie auch bei, wenn sie jemand anderen ans Telefon rief; so auch damals, als sie kundtat: »Eine Vera für dich«, und mir den Hörer mit einem Ausdruck von Weltgewandtheit reichte.

Aber jetzt war es nicht Vera, es war eine meiner Tante unbekannte Stimme, und ich wusste, dass dieser Anruf nichts Gutes bedeuten konnte. Ich stieg die Treppe hoch, in die Wohnung meiner Verwandten, während Petula Clark mir die letzten Liedfetzen von »Downtown« hinterher schickte. Ich nahm den Hörer entgegen und meldete mich.

Doch ich will dem Ende der Geschichte nicht vorgreifen. Und also nach einem Anfang suchen. Vielleicht, denke ich, könnte eine Beschreibung der Anfang sein:

Vera Vetrovec wohnte mit ihrer Mutter und einer älteren Schwester in einer der Siedlungsbaracken am Roten Berg. Sie war ein Jahr jünger als ich und, wie der Name vermuten lässt, nicht schwäbischer Abstammung. Sie sprach ein Deutsch, wie es in meinen Karl-May-Büchern stand, jeder Satz druckreif, wenn auch nicht gerade spannend. Sie war anders, als Mädchen es in ihrem Alter gewöhnlich waren, irgendwie erwachsen schon; zumindest gab sie sich als eine Erwachsene aus. Damenhaft ihre Kleidung. Schwingende Röcke. Dralonblusen. Perlonstrümpfe. Und immer war sie geschminkt. Leuchtend das Lippenrot, dezent der Puder auf ihrem Gesicht. Die Fingernägel passend lackiert. Das Haar rotblond, nicht ganz schulterlang. Ihr Körper zart, aber mit Formen.

Veras beste Freundin hieß Helga Eisele und war das genaue Gegenteil von ihr. Ein Körper, der jegliche Harmonie vermissen ließ, stets mit dem Geruch von süßlichem Schweiß belastet, dazu ein Gesicht, welches von Sommersprossen in großer Zahl heimgesucht war. In ihrer Gegenwart konnte ein Mädchen nur gewinnen. Vera Vetrovec wurde neben ihr zur makellosen Schönheit.

Und doch hatte ich es Helga Eisele zu verdanken, dass aus Vera und mir ein Liebespaar wurde.

Und das kam so: Ich war, wie so häufig, wenn hinter dem Roten Berg die Sonne versank, mit Iltschi, meinem Fahrrad, unterwegs und summte, das Naturschauspiel untermalend, die Winnetou-Melodie, obwohl sie auf Platz drei zurückgefallen war.

Beim Spielplatz machte ich Halt und schaute eine Weile den Mädchen auf der großen Wippe zu, die jedes Mal kreischten, wenn das Ende, auf welchem sie saßen, in die Höhe wippte.

Plötzlich kam Helga Eisele auf mich zu und fragte, ob ich nicht Lust hätte, die Vera Vetrovec ins Kino einzuladen.

Ich sagte, trotz meiner Verwunderung, prompt zu, was sie veranlasste, umgehend die Einzelheiten mit mir zu besprechen. Das Wann und Wohin. Das Warum ganz zum Schluss: Vera Vetrovec hatte sich in mich verliebt.

In diesem Augenblick war die Eisele Helga nicht mehr hässlich. Ein Engel war sie. Wer anders sonst wäre fähig gewesen, solche Nachrichten zu überbringen.

Als Termin hatten wir den kommenden Sonntag vereinbart, an welchem ich Vera um halb zwei von zu Hause abholen sollte.

Damals lernte ich, dass Zeit ein Begriff war, den die Physiker zu Recht ablehnen, da es sich bei selbigem um eine Illusion handelt. Wie anders hätte ich mir sonst erklären können, dass Stunden und Tage zwar unbarmherzig zerrannen, es aber doch nicht Sonntag wurde – oder erst, als ich schon nicht mehr damit rechnete.

Vor lauter Aufregung war ich dann zu früh dran. Veras Schwester bat mich zu warten. Es verging eine nicht definierbare Menge von Zeit. Dann öffnete sich die Tür: Da stand sie vor mir, in ihrem roten Tulpenrock und einem eng anliegenden, auf Figur geschnittenen Oberteil mit einem Ausschnitt, das ein Silberkettchen zierte.

Sie streckte mir ihre Hand entgegen, um mich zu begrüßen. Ich wurde rot, nahm aber ihre Hand, obwohl ich fürchtete, meine Handflächen wären feucht.

Wir gingen den Blauweg entlang, dann über den Klosterhof bis zur Straßenbahnhaltestelle und redeten kaum miteinander. Ab und zu summte sie »Downtown«.

Wir stiegen in die Straßenbahn. Ich bezahlte die Fahrt für uns beide. Ganz hinten wollte sie sitzen. Unterwegs fiel schon mal das eine oder andere Wort. Einmal sagte sie: »Einkaufen müsste man jetzt können.«

Beim Bahnhof stiegen wir aus und gingen die Hirschstraße hinunter. Vor Woolworth blieb sie stehen und sagte: »Das Komplet ist ein Traum.« Ich antwortete mit einem zustimmenden Kopfnicken, fand aber das Wort »Komplet« schöner, als das, was sich dahinter verbarg.

Vor dem Capitol hatte sich eine etwa zehn Meter lange Schlange gebildet. Wir stellten uns an. Sie wollte Balkon sitzen. Ich bezahlte für uns beide. Das Geld wurde knapp.

Der Film hieß »Das war der wilde Westen« und hatte Überlänge, welche wohl der Grund für den teuren Eintritt war. An der Stelle, an der Debbie Reynolds James Stewart mit den Worten »Möchtest du mein Tier sehen?« verführen will, griff Vera Vetrovec nach meiner Hand und ließ sie den ganzen Film über nicht mehr los, obwohl er Überlänge hatte. Ich dachte, nun hat der Eintritt sich doch gelohnt.

Anschließend hätte ich gerne den ganzen Heimweg zu Fuß unternommen. Doch Vera bestand auf der Straßenbahn. So blieb uns nur noch der Blauweg. Dort trafen wir auf den Mack Erich und den Maichel Bernd, die hockten auf der Brüstung beim Frauenbad. Als ich mich später umdrehte, kamen sie hinter uns her.

Weil es noch hell war, schlug Vera einen Spaziergang im Wald vor. Dort gingen wir Hand in Hand. Auch der Mack Erich und der Maichel Bernd hatten sich zu einem Waldspaziergang entschlossen.

Irgendwann ergriff ich die Initiative und blieb stehen. Vera wusste, was nun kommen würde, und blieb auch stehen. Ihr jetzt zu sagen, dass ich sie liebte, würde alles weitere vereinfachen. Sie kam mir aber zuvor, nahm mein Gesicht in beide Hände und küsste mich auf den Mund. Dass ein Mund so feucht sein konnte, hätte ich nicht für möglich gehalten.

Beim Küssen bog sie ihren Körper so artistisch nach hinten, dass ich Mühe hatte nicht von ihrem Mund abzurutschen. Eine derartige Biegsamkeit habe ich später nur noch bei Meisterschaften in der Rhythmischen Sportgymnastik bewundern können.

Der Kuss selbst hatte den Geschmack einer mir unbekannten, aber durchaus stimulierenden Kaugummisorte und ihr Parfum machte mich taumelnd wie nach einem halben Glas Weizenbier. Nie mehr habe ich ein solches Parfum gerochen. Es muss kurz nach ihrem Weggang aus dem Verkehr gezogen worden sein.

Dass der Mack Erich und der Maichel Bernd uns aus der Distanz dabei beobachteten, fand ich in Ordnung. Als Zeugen würden sie mir später den Vorwurf der Prahlerei ersparen.

Nach dem letzten Kuss fragte mich Vera, ob ich mit ihr einmal downtown gehen wolle. Das hieß: in die Stadt fahren, um einzukaufen. Ich sagte zu.

Danach frischte sie ihr Make-up auf und tupfte einen Tropfen Parfum auf den Halsansatz.

Vor den Siedlungsbaracken reichte sie mir die Hand und sagte schicklich: »Danke für alles.«

Ich schaute noch, wie sie hinter ihrer Wohnungstür verschwand, dann wartete ich auf den Mack Erich und den Maichel Bernd.

Daheim prüfte ich meine Ersparnisse, die eigentlich für den »Trapper Geierschnabel« und das »Schloss Rodriganda« gedacht waren, jetzt aber eine andere Bestimmung erfahren sollten.

Meine Begegnungen mit Vera waren in den folgenden Tagen kurz und von Störungen aller Art geprägt – abgesehen von ihrem Telefonanruf gab es kaum Kontakt. Erst der Tag, an dem wir downtown gehen wollten, brachte uns wieder näher.

Diesmal kam Vera mir schon am Blauwehr entgegen. Weil wir allein waren, begannen wir sofort mit dem Küssen. Unsere Hände ließen wir auch im Klosterhof nicht los. Dass ich die Straßenbahn für uns beide bezahlte, war selbstverständlich. Wir saßen wieder ganz hinten und stiegen am Bahnhof aus.

Ihr erstes Ziel war der Schleehauf. Dort wollte sie Wimperntusche kaufen. Klar, dass ich zahlte. Auch bei Woolworth die Netzstrümpfe und bei Hertie den Schlangenarmreif.

Zuletzt landeten wir im Radiohaus Falschebner. Als die Platte »Downtown« aufgelegt wurde, wollte sie auch diese. Aber mein Geld reichte nur noch für die Rückfahrt mit der Straßenbahn. Vor dem Schaufenster von Woolworth blieb sie noch einmal seufzend stehen, um sich das rote Komplet anzusehen. Danach hatte sie es plötzlich eilig. Kaum, dass sie noch ein Wort mit mir sprach, nur ab und zu ein Summen von »Downtown«

aus ihrem Mund und beim Abschied einen Kuss, flüchtiger als jeder andere vorher.

Als sie die Tür hinter sich ins Schloss fallen ließ, machte ich mir die entsetzlichsten Gedanken. Auch am nächsten Tag noch, als ich die Hitparade hörte und meine Tante Cilly mich ans Telefon rief und ich fühlte, dass dieser Anruf nichts Gutes versprach.

Am Telefon war Helga Eisele. Sie war wieder im Auftrag ihrer Freundin tätig, die mir mitteilen ließ, dass es aus zwischen uns wäre, weil Vera reumütig zu ihrem früheren Freund, einem achtzehnjährigen KFZ-Lehrling, zurückgekehrt wäre.

Ich schnappte nach Luft und betrachtete mein geisterblasses Gesicht in Tante Cillys Garderoben-Spiegel, ehe ich den Hörer auflegte, weil ich kein Wort mehr von Helga Eisele, dieser übel riechenden, unförmigen, sommersprossigen Teufelin hören wollte. Dass sie eine Teufelin war, daran zweifelte ich nicht im Geringsten. Wer sonst hätte eine solche Nachricht überbringen können. Vielleicht dachte ich aber auch nur an Helga Eisele, weil ich nicht an Vera Vetrovec denken wollte.

Ich schnappte noch einmal nach Luft, als wäre es die letzte, die mir in diesem Leben beschieden war. Die Treppe hinuntertorkelnd wollte ich nur noch den Trost der Philosophen und fand bei Augustinus: »Die Frau ist eine Kreatur ohne Halt und Festigkeit«, bei Xenophon den Spruch: »Denn durch das Schaffen des

Mannes kommt in der Regel Geld ins Haus, durch das Wirtschaften der Frau aber geht das meiste drauf.« Doch auch die Philosophen konnten mich nicht trösten, selbst nicht meines Onkels Weisheit: »Alles hot sein Preis.«

Im Hof stand Iltschi, mein Fahrrad. Ich stieg auf und dachte daran, dass auch Winnetou auf Ribanna hat verzichten müssen, wenn auch aus edlerem Grund.

Irgendwann später habe ich wieder an Vera Vetrovec gedacht und gleichzeitig an »Downtown«, als wären das Lied und die Vera seit damals untrennbar miteinander verbunden. Und in meine Trauer mischte sich ein leiser Vorwurf: Hätte ich ihr doch die Schallplatte damals geschenkt. Ich bin mir ganz sicher, Vera Vetrovec hätte mir für immer gehört.

Joachims Pullover

Ich habe in den alten Fotos gekramt, Erinnerungen aufspüren wollte ich und dem Gedächtnis etwas nachhelfen. Wie war das doch damals? Unter den vielen Schwarzweißbildern stach mir ein buntes entgegen. Die Farben blendeten mich, nach all dem Schwarzweiß. Es war ein Gruppenbild: Jürgen, Manfred, Josef und ich. Und natürlich Joachim. Alles Schulfreunde, Klassenkameraden. Dass es ein Farbfoto war, war gut, denn jetzt konnte ich ihn erst richtig sehen: Joachims Pullover!

Er hatte eine undefinierbare Farbe, blau irgendwie, zumindest mit einem Stich ins Blaue, aber nicht wirklich blau, eher mit einem Hang zu grau, wie ein bedeckter Himmel, hinter dem ein gewaltiges Blau warten musste.

Als ich Joachims Pullover auf dem Foto entdeckte, wurden die Gesichter zweitrangig. Der Pullover erzählte mir alles: Zum Beispiel, wie wir uns am Hausmeister Mader rächen wollten, der ein mürrisch, einsilbig-unfreundlicher Zeitgenosse war und uns Schüler als seine natürlichen Feinde betrachtete; für den wir nur die »Saukerle« waren, und der deshalb keine Gelegenheit ungenutzt ließ, uns mit Verboten und Zurechtweisungen zu schikanieren.

Klar, dass wir einmal zum Gegenschlag ausholen wollten. Und welcher Zeitpunkt war geeigneter dazu als die Nacht zum 1. Mai, in der die Hexen unterwegs zum Blocksberg und unser Hausmeister zum »Schatten«, seiner Stammkneipe, unterwegs war.

Mit Knallfröschen, Stinkbomben, mit einer Mausefalle, einem Doppelklebeband und mit einer uringefüllten Schweinsblase bewaffnet, planten wir einen Angriff an mehreren Fronten.

Heute weiß ich nicht mehr, ob es an unserer Logistik lag oder ob eine gewisse Nervenschwäche schuld war, dass sich unsere Wunderwaffen, wie es häufig in der Geschichte der Menschheit schon vorgekommen war, gegen die Angreifer selbst richteten.

Die Mausefalle jedenfalls schnappte bereits vor dem geplanten Einsatz zu und fing Josefs linken Ringfinger. Gleichzeitig haftete das Klebeband, mit dem wir etwas besonders Tückisches vorhatten, derart hartnäckig an Jürgens, und weil ich ihm zu Hilfe kommen wollte, auch an meinen Händen. In jenem Moment glaubte ich, dass das Schicksal und das Klebeband uns für den Rest unseres Lebens vereinen würden.

Mittlerweile waren auch die Stinkbomben, die Manfred über dem Türrahmen anbringen wollte, geplatzt und bescherten unseren Kurzhaarschnitten jenen üblen Faule-Eier-Geruch, an dem hochwertige Stinkbomben auszumachen sind. Nur die Knallfrösche fanden zu unserer Überraschung ihr Ziel. Fast wären sie sogar übers Ziel hinausgehüpft, denn ein Vorhang fing Feuer, und hätten wir nicht die Schweinsblase dabeigehabt, wer weiß ... Da die Wahrscheinlichkeit, dass des Hausmeisters Erben diese Geschichte lesen, äußerst gering ist, will ich auch verraten, dass Joachims Pullover mit im Spiel war, als es in des Hausmeisters Wohnung plötzlich krachte ... Genauer gesagt, Joachims Pullover war exakt vor meiner Nase, als der Knallfrosch das Feuer entfacht hat. Da drückte ich meine Nase an Joachims Pullover um Deckung zu suchen. Später half der Pullover da, wo die Schweinsblase versagte, das Feuer zu löschen.

Aber am übernächsten Tag, als wieder Schule war, saß Joachims Pullover, als wäre er niemals mit Feuer, Klebeband und Urin in Berührung gekommen, in seinem Blau, das eher ein Grau war, hinter dem jedoch ein kräftiges Blau lauern musste, wieder vor mir. Er saß vor mir, wie mir heute scheint, eine ganze Schulzeit lang.

Ich habe in den alten Fotos gekramt, denn heute haben wir Joachim begraben. Die anderen Schulkameraden waren mit dabei. Manfred, Josef und Jürgen. Und ein wenig war alles wie früher. Als ob nichts auf der Welt einen ändern könnte, schon gar nicht die Zeit. Josef wollte, wie schon damals, alles organisieren. Dazu gab Manfred trocken seinen Kommentar ab und Jürgen flachste, trotz des traurigen Anlasses unseres Wiedersehens.

Wir standen um den Sarg herum, in dem Joachim lag wie eine Puppe aus Wachs, der man einen schwarzen Anzug angezogen hatte. Er hatte sich als Einziger verändert. Ohne seinen Pullover war er mir fremd.

Schutzengel

Über dem Bett meiner Eltern hing ein Ölbild, auf welchem ein Schutzengel zwei Kinder über eine äußerst baufällige Brücke führte. Der Gang über die Brücke war Schwindel erregend. Das Gewitter im Hintergrund erschwerte die Aufgabe des Schutzengels noch.

Unter dem Bild lag mein Vater und hatte einen Herzanfall. Meine Mutter rannte wie eine »legige« Henne durch die Wohnung und wusste nicht, wo ihr der Kopf stand. Als sie es wieder wusste, weckte sie meinen Bruder Reinhold, er müsse den Doktor holen: »Dr Babba hot's auf am Herz.«

Es war nicht das erste Mal. Weil mein Bruder Karlheinz mit seinen Aposteln unterwegs war, musste mein Bruder Reinhold nun zum Doktor Grünler radeln.

Ich war froh, dass nicht ich den Doktor holen musste.

Seit der Ermordung Lumumbas fühlte ich mich nirgendwo mehr ganz sicher. Der dunkle Blauweg lud zu

Attentaten geradezu ein. Es wunderte mich deshalb, dass mein Bruder Reinhold wohlbehalten zurückkam, doch nahm ich es erleichtert zur Kenntnis.

Jetzt hatte mein Vater Anspruch auf meine Ängste und Sorgen. Kurze Zeit später kam auch der Doktor. Vor Müdigkeit taumelte er wie ein angeschlagener Boxer im Ring. Der Puls meines Vaters weckte ihn auf.

Nach der Spritze ging es meinem Vater aber wieder besser.

Der Doktor verbot ihm wie immer das Rauchen. Dann ging er und nahm auch unsere Ängste mit.

Es war Herbst. Die Nacht dauerte also noch länger. Und am Morgen war Nebel. Mein Vater hustete und blieb liegen. Meine Mutter musste ihn krankmelden.

Als ich von der Schule heimkam, lag mein Vater auf dem Sofa und las unruhig einen Wildwestroman. Zum Mittagessen bekam er eine Nudelsuppe, weil meine Mutter der Meinung war, dass diese gut für sein Herz wäre. Als sie zum Einkaufen ging, rauchte mein Vater heimlich eine Zigarette. Gleich verflog seine Unruhe. Das Verbot des Doktors war schon wieder weit weg. Weil ich meinen Vater nicht verriet, half er mir, den Drachen zusammenzukleben. Mit dem Maichel Bernd und dem Mack Erich ging ich zum Hochsträß. Dort gab es den besten Wind. Die Wachter Hedwig war auch dabei. Sie behauptete, ihren Drachen ohne jede Hilfe gebastelt zu haben. Beim ersten Sturzflug aber brach er auseinander. Da sie keinen Uhu gehabt hatte, hatte sie ihn mit Mehlpampe geklebt. Das erklärte alles. Für einen Flug lieh ich ihr meinen Drachen, aber auch mit dem hatte sie kein Glück und machte eine Bruchlandung. Dem Maichel Bernd sein Drachen stieg so hoch, dass man ihn kaum noch sehen konnte. Der Mack Erich verhedderte sich in seiner Drachenschnur.

Auf dem Heimweg machten wir im Klosterhof Halt. Die Wachter Hedwig wollte Kastanien mitnehmen. Obwohl es dort riesige Kastanienbäume gab, blieb ihre Suche erfolglos. Vielleicht war sie aber auch nur wählerisch. Ich roch das Laub und dachte an meinen Großvater. Seit er gestorben war, gab es keine Herbstfeuer mehr in unserem Garten. Und den Most holten wir flaschenweise bei Molfenters. Der Mack Erich wohnte im Klosterhof und war gleich zu Hause. Der Maichel Bernd rannte die Clarissenstraße hoch; er wohnte beim Krankenhaus.

Es war schon ganz dunkel geworden. Die Geräusche, die die Blau von sich gab, waren unheimlich. Die Wachter Hedwig wusste über die Wassergeister Bescheid. In ihrer Nähe hatte ich keine Angst vor einem Attentat. Dennoch war ich froh, als wir die Straßenlampe erreichten. Im Licht sah die Wachter Hedwig wie der Schutzengel aus, der die beiden Kinder über die Brücke führt. Wäre nur die Sache mit dem Regenwurm nicht gewesen.

Meine Mutter stand im Hof und versuchte ihrem Bruder Franz, seinen Traum vom eigenen Auto auszureden. Der Tod des Rennfahrers Graf Berghe von Trips war ihre eine Warnung gewesen.

Drinnen war der Tisch fürs Abendessen schon gedeckt. Aber mein Vater lag bereits im Bett. Das Schlafzimmerfenster war offen, damit keiner die Spuren seiner heimlichen Raucherei entdeckte. Jetzt lag er da und hatte gerade einen neuen Wildwestroman begonnen. Über ihm hing das Bild mit dem Schutzengel, der eine Menge Arbeit vor sich sah.

Mein Heiliger Abend

»Scho wieder Weihnachta! Drbei isch mr's, als wärs grad eba erscht gwesa.« Wenn meine Mutter das sagte, um mir zum wiederholten Male weiszumachen, dass die Zeit ein Wasserfall wäre und so schnell wie die Donau an ihrer engsten Stelle dahinfließen würde, konnte ich sie nur mitleidig anschauen.

Die Zeit, das wusste ich, war ein Strudelteig, der sich endlos ziehen ließ, besonders, wenn man auf irgendetwas wartete, wie zum Beispiel auf das Ende einer Schulstunde.

Damals, als ich in der dritten Klasse war und die Lehrerin, die wir seit neuem hatten, nicht mochte, wusste ich, die Zeit ist eine Trödelsuse, schlimmer noch als die Wachter Hedwig und das will etwas heißen. Nur die Uhrzeiger der Schuluhr, die auf dem Zifferblatt entlangkrochen wie gebrechliche Greise, konnten die Wachter Hedwig in ihrer Trägheit noch übertreffen.

Wenn meine Mutter davon sprach, wie schnell die Zeit verginge, tat sie mir leid. Sie wusste nicht mehr, wie es draußen in der Welt zuging. Die dritte Klasse hatte sie längst hinter sich.

Trotzig und besserwisserisch, wie ich noch immer bin, will ich ihr mit meiner Geschichte über den Heiligen Abend damals, als ich ein Drittklässler war, widersprechen. Denn endlos lang war dieser Tag und wenn er sich auch wie Strudelteig hinzog, man durfte ja naschen von ihm. Eine Kindheit passte hinein, wenn nicht ein ganzes Leben.

Er begann wie jeder gewöhnliche Tag mit dem Geräusch, das mein Bruder Karlheinz beim Kaffeetrinken verursachte. Der rührte nämlich den Zucker nicht, der schlug ihn in der Tasse hin und her. Ein Glockenschlagen in fis war das. Und scheuchte einen, wenn man noch müde war, förmlich auf. Das Nächste, was mein sich noch im Dämmerzustand befindendes Ohr wahrnahm, waren die schnellen, trippelnden Schritte meiner Mutter durch die Wohnung. Als ob eine Maus fortwährend von der Küche in die Stube und von der Stube in die Küche unterwegs wäre, unterbrochen nur vom Husten meines Vaters, der damit das morgendliche Geräusch-Trio vervollständigte.

Nach dem Kaffee ging mein Bruder Karlheinz Weihnachtsgeschenke kaufen. Er kaufte sie immer erst am Heiligen Abend. Vorher hatte er keinen Spaß daran. Außerdem musste er auf dem Markt die Gans besorgen.

Bald roch es in der ganzen Wohnung nach Bohnerwachs. Das war mein Vater, der sich am Heiligen Abend immer in die Hausarbeit einmischte. Er tat dabei, als müsse er alles neu erfinden. Klar, dass es Streit gab. Dass mein Vater danach den Christbaum aufstellen und ihn schmücken musste, rettete den häuslichen Frieden. Da konnte er keine Störung dulden, da wäre ihm selbst seine eigene schlechte Laune im Weg gewesen. Ich half ihm kommentarlos beim Lamettaaufhängen. Im Gegensatz zu anderen Kulturen, wo das Lametta in Bündeln über die Zweige geworfen wird, arrangiert man hierzulande die Lamettafäden einzeln. Also musste ich meinem Vater Lamettafaden um Lamettafaden reichen. Und er suchte einen passenden Platz dafür. Das zog sich hin – ohne dass das Lametta danach groß aufgefallen wäre. Die Kugeln dominierten noch immer, selbst die mit Macken, die sich im Hintergrund nur von ihrer makellosen Seite zeigen durften. Zuletzt kamen die Kerzen dran, die aufrecht wie Soldaten stehen mussten, um im Ernstfall das Feuer zu halten.

Unser Krippele verkroch sich indessen unter den untersten Zweigen in aller Bescheidenheit. Die Figuren waren aus Plastilin; der Stall eine Holzschachtel mit Strohdach; damit war kein Staat zu machen. Die große Familien-Krippe meines Großvaters wurde, weil mein Großvater in diesem Jahr gestorben war, bei Onkel Franz und Tante Cilly, die über uns wohnten, aufgestellt. Ich beneidete sie deswegen.

Zum Mittagessen kam mein Bruder Karlheinz mit Geschenken bepackt zurück. Er hatte auch die Gans nicht vergessen. Meine Mutter prüfte das Gewicht und war zufrieden.

Mein Vater konnte sich vom Baum erst losreißen, als das Essen schon auf dem Tisch stand. Es war eine kräftige Suppe mit allerlei drin. Obwohl es ein ganz einfaches Mittagessen war, bekam es doch etwas vom Glanz des Tages ab.

Danach gingen wir Kinder ins Kino. Mein Bruder Reinhold, meine Cousine Renate und die Zwillinge vom Nebenhaus. Auch die Wachter Hedwig und die Helene aus der Jacobsstraße schlossen sich uns an.

Das Kino war eine Dreiviertelstunde weit weg. Die Wachter Hedwig hatte Mühe mit uns Schritt zu halten. An jeder Ecke blieb sie stehen und wartete völlig sinnlos auf irgendwen oder irgendwas. Welcher Film damals lief, weiß ich nicht mehr. Als das Kino aus war, war es schon dämmrig. Der Heimweg war spannender, als jeder Film es hätte sein können. Jeder Schritt war beseelt von Erwartung.

Unterwegs verloren wir die Wachter Hedwig. Warum blieb sie auch dauernd stehen. Dann verlief sie sich auch noch. Dass sie dem Stern gefolgt wäre, war eine Ausrede.

Zum Abendessen gabs Russische Eier. Die gabs nur am Heiligen Abend. Allenfalls noch zu Silvester. Wenn meinem Vater die Russischen Eier am Heiligen Abend schmeckten, dann sagte er: »Die kannsch du ohne weiteres ao an Silvester macha.«

Danach gabs Bescherung. Genauer gesagt drei Bescherungen.

Wir wohnten Parterre, Onkel Franz und Tante Cilly im ersten Stock und meine Großmutter in der ausgebauten Dachwohnung, die vorher die Menscherkammer war. Dort hausten vor dem Umbau die drei Menscher Karin, Suse und Inge.

Die erste Bescherung fand also in der Stube meiner Großmutter Amalie statt. Wir pilgerten im Gänsemarsch in die Dachwohnung und quetschten uns in das kleine Zimmer, das durch den Weihnachtsbaum und die Geschenke eigentlich schon voll war. Nun drängten auch wir noch dazu. Meine Eltern, meine Brüder Karlheinz und Reinhold, Onkel Franz und Tante Cilly, meine Cousine Renate und freilich meine Großmutter, die uns aufgeregt empfing. Ich stand ganz dicht an dem kleinen Baum und musste aufpassen, dass ich beim Singen die Kerzen nicht auspustete. Mit »Oh du fröhliche« und »Am Weihnachtsbaum die Lichter brennen« begannen wir. Mein Bruder Karlheinz sang sich mit seiner Tenorstimme in den Vordergrund. Ohne seine Stimme aber war eine Bescherung unvorstellbar. Das

Geschenkeverteilen dauerte nicht lange. Von meiner Oma bekam ich, wie im Vorjahr, ein paar selbst gestrickte Wollsocken. Ich tat, als wäre ich überrascht.

Danach gings einen Stock tiefer, zu Onkel Franz und Tante Cilly, und zur zweiten Bescherung. Meine Cousine Renate stand jetzt im Mittelpunkt. Sie bekam als Tochter natürlich die meisten Geschenke. Ich bekam die »Deutschen Heldensagen«. Tante Cilly hatte sie mir ausgesucht. Beim Durchblättern vermisste ich die Bilder. Mein Onkel Franz hätte jetzt gerne einen Sohn gehabt, dem er eine Eisenbahn hätte aufbauen können. Aber er hatte eben nur drei Töchter. Renate war die jüngste.

Gesungen wurde auch. »Süßer die Glocken nie klingen« und »Zu Bethlehem geboren«. Mein Bruder Karlheinz summte den ersten Ton vor.

Endlich gings dann in unsere Stube. Klar, dass mein Bruder Reinhold und ich jetzt die Hauptpersonen waren. Meine Eltern natürlich auch, denn ich schenkte meinem Vater einen Drehaschenbecher und meiner Mutter eine Schachtel bunter Wäscheklammern.

Mein Bruder Karlheinz sang jetzt noch besser. »Oh Tannenbaum« stimmte er an, später »Ihr Kinderlein kommet«. Er sang alle anderen an die Wand und wollte auch nach »Stille Nacht« noch nicht aufhören. Dann kam der große Moment der Bescherung. Mein Vater hatte mir eine Ranch gebastelt, die von Indianern angegriffen wurde. Die Cowboys hatten so gut wie keine Chance. Zwischen den Jahren, das wusste ich schon, würde ich die Heilige Familie, samt Ochs, Esel und Schafe mit einbauen. Die beiden Hirten würden das Jesuskind entführen, die Dreikönige müssten Lösegeld zahlen.

Als jeder in seine Geschenke vertieft die übrige Welt um sich vergaß, wartete meine Mutter mit der Weihnachtsbäckerei auf. Vierzehn verschiedene Sorten waren es in diesem Jahr geworden. Unser damaliger Bundespräsident Theodor Heuss würde das später einmal eine repräsentative Verschwendung nennen.

Da die Ranch belagert war, rüstete ich die Cowboys mit Vorräten aus. Die Belagerung musste nämlich noch eine ganze Zeit lang aufrechterhalten werden, da die Christmette damals wirklich erst um Mitternacht war.

Unterwegs dorthin überholten wir die Wachter Hedwig. Sie war schon früher losgegangen, weil sie sich einen Platz ganz vorne ausgedacht hatte. Doch musste sie irgendetwas aufgehalten haben, denn als wir die Kirche verließen, saß sie unter der Empore auf der Männerseite. Dort roch es mehr nach Schnaps als nach Weihrauch.

Daheim tischte meine Mutter noch einmal ein Vesper auf. Weißer und roter Schwartenmagen mit viel Senf und Schwarzbrot. Mein Bruder Karlheinz bestand auf einen letzten Schnaps. Meine Mutter verneinte auf Hochdeutsch: »Genug ist genug.« Ich schaute noch einmal auf die Ranch; dort lief alles nach Plan. Die Cowboys hielten, dank der Vorräte, der Belagerung noch stand. So ging ich ins Bett. Morgen war ja wieder so ein Tag. Wenn auch nicht ganz so endlos lang wie heute.

Inzwischen bin ich älter, als meine Mutter es damals war, als sie behauptet hatte, das Leben wäre ein Wasserfall und fließe dahin wie die Donau an ihrer engsten Stelle.

Bis heute aber hat sie mich nicht überzeugen können. Mich nicht und auch nicht die Wachter Hedwig, die vielleicht immer noch am Seiteneingang unserer Kirche steht und darauf wartet, dass am Himmel oben der Stern von Bethlehem erscheint.

Was für ein Jahr

Mein Bruder Karlheinz hatte einen Fernseher gekauft. Nun saßen wir davor und schauten uns die Bilder der Flutkatastrophe in Hamburg an. Meine Mutter sprach vom Glück, nicht am Meer zu wohnen. Eine Überschwemmung hatten wir trotzdem. Die Blau war nach einem schweren Gewitter über die Ufer getreten und hatte unseren Keller geflutet. Bevor die Feuerwehr zum Auspumpen kam, retteten mein Vater und mein Onkel Franz die Fahrräder.

Nachdem von der Flutwelle nichts mehr im Fernsehen kam, sorgte »Das Halstuch« von Francis Durbridge für Spannung. Jeder tippte auf einen anderen Mörder.

Die Lieblingssendung meiner Mutter hieß »Zum blauen Bock«, meine »Am Fuß der blauen Berge«. Die Cowboys auf meiner Ranch hießen jetzt Slim und Jeff. Mein Vater las nach wie vor lieber seine Wildwestromane. Am liebsten aber stand er am Zaun und versuchte die Kuba-Krise in den Griff zu bekommen. Auch die

Frauen sprachen jetzt über Kuba. Tante Paule machte Hamsterkäufe, weil sie einen neuen Weltkrieg befürchtete. Auch meine Mutter hatte davor Angst. Mein Vater aber gab Entwarnung.

Meine Schwester Suse verstand rein gar nichts von Politik, zeigte mir aber, wie man den Twist tanzt. Obwohl wir nun einen Fernseher hatten, ging sie abends weiterhin ins Kino. Ihr Verlobter hieß Siegfried und hatte Ähnlichkeit mit Uwe Seeler, war aber ein Handballer.

Mein Vater verfolgte die Ruderregatta auf der Themse jetzt im Fernsehen. In diesem Jahr gewann Cambridge mit fünf Bootslängen Vorsprung. Es war der sechzigste Sieg des Cambridge-Achters.

Mein Bruder Karlheinz saß jetzt nicht mehr mit der Rosemarie aus der Jakobstraße in der Laube, sondern schaute sich im Fernsehen den Hundertmeterlauf der Frauen an. Die Jutta Heine gefiel ihm besonders, allerdings auch die Marilyn Monroe, die zwar keine Hundertmeterläuferin, jedoch ebenso blond war.

Einmal sagte er: »Do frog'sch net, ob se katholisch isch.«

Meinem Vater hat der Ausspruch gefallen, den Aposteln weniger. Mit dem Tod Marilyn Monroes im August war Jutta Heine ihre schärfste Rivalin los.

Mein Bruder Hans fuhr in den Ferien mit seiner Familie nach Jesolo, Konrad Adenauer nach Cadenabbia.

Mein Vater nahm sich auch in diesem Jahr wieder etliche Fensterrahmen vor, opferte aber einen Tag für einen Ausflug in die Friedrichsau.

Der 1. FC Köln wurde deutscher Fußballmeister, Brasilien wieder Weltmeister und Benfica Lissabon gewann den Europapokal der Landesmeister. Die Straßenmeisterschaft unseres Viertels wurde immer häufiger durch einen Ford Taunus 17 M blockiert. Das Endspiel musste deshalb zweimal verschoben werden. Der Wagen gehörte dem Freund meiner Cousine Karin. Ich hoffte, dass sie bald heiraten würden. Meine Schwester Margret war verheiratet, dachte aber schon wieder an Scheidung. Ihr Entschluss wurde in der Familie recht konträr diskutiert. Auch meine Schwester Margret hatte bereits einen Fernseher, wenn auch mit einem viel kleineren Bildschirm.

In der Herrlinger Straße wohnten jetzt Italiener. Im Gegensatz zu uns Söflingern wohnten sie in Baracken und ernährten sich ausschließlich von Spaghetti. Obwohl wir uns einen Italiener ohne Messer nicht vorstellen konnten, aßen sie ihre Spaghetti allein mit der Gabel. An den Söflingerinnen hatten auch sie Gefallen gefunden.

Wenn nichts im Fernsehen kam, erzählte mein Vater einen Witz. In seinen Witzen kam immer Konrad Adenauer vor: Adenauer hat sich eine junge Schildkröte gekauft, weil er prüfen wollte, ob sie wirklich 200 Jahre alt wird. Wenn alle lachten, war es durchaus möglich, dass mein Vater noch einen zweiten Witz erzählte.

Mein Bruder Karlheinz kam über Nacht zu einer neuen Freundin. Sie war blond wie Jutta Heine, hieß aber Bärbel. Weil sie in einem Schuhgeschäft arbeitete, hatte er auch gleich das passende Lied parat: »Mein Mädel ist nur eine Verkäuferin in einem Schuhgeschäft ...«

Er sang es häufig, manchmal schon morgens. Ich dachte an Jutta Heine. Die Bärbel hatte sie nicht auf der Rechnung.

Mein Bruder Karlheinz versprach, sollte er die Bärbel heiraten, uns den Fernseher dazulassen.

In London wurde der Smog jetzt so dicht, dass die Londoner Schutzmasken trugen. Die Fernsehbilder waren entsprechend.

Zu Weihnachten stellten wir wieder Kerzen für die deutsche Einheit ins Fenster. Ich dachte an Peter Fechter und empfand Mitleid. Trotz des Kalten Krieges bestand mein Vater auf Russischen Eiern.

Meine Tante Cilly schenkte mir »Tim Thaler oder das verkaufte Lachen«. Den Bescherungen folgte die Mitternachtsmesse.

Zum Neujahrsfest forderte Ludwig Erhard zum Maßhalten auf.

Sterben

Kurz bevor mein Vater starb, sagte er mir, er wolle noch einmal alle Karl-May-Bücher lesen. Nach seinem Tod fand ich neben ihm den Band »Durch die Wüste«. Das Lesezeichen steckte im Kapitel »Der Todesritt«, in welchem Kara Ben Nemsi mit seinem Diener Hadschi Halef Omar die Salzwüste Schott el Dscherid überquert.

Meine Brüder und ich standen mit einer unbeholfenen Trauer um meinen toten Vater herum. Als meine Schwester Margret dazukam, schrie sie ihren Schmerz lauthals heraus. Wir schauten sie strafend an. Eine derart ungehemmte Gefühlsäußerung berührte uns auch jetzt irgendwie peinlich.

Meine Mutter weigerte sich überhaupt, den Schmerz anzunehmen. Sie lamentierte nur: »Grad heit, wo i so viel Wäsch han!«

Auch bei der Beerdigung akzeptierte sie seinen Tod noch nicht. Sie glaubte deshalb der jammervollen Lüge: »Er isch net dod, er schloft bloß.«

Als sie den Tod meines Vaters nicht länger verleugnen konnte, setzte sie einen Stoffkaspar als Ersatz in die Sofaecke; den küsste sie jetzt morgens und abends.

Mein Bruder Karlheinz bedauerte, dass es in unserer Kultur nicht Brauch war, dass die Frau dem verstorbenen Manne mit ins Grab gegeben wurde.

Weil nach dem Krieg jeder erst einmal genug vom Sterben hatte, dauerte es bis zu meinem siebten Lebensjahr, bis der Tod zu uns ins Haus kam und sich meinen Großvater holte. Meine Großmutter begleitete sein Sterben mit einem flehenden »Herr, gib ihm die ewige Ruhe und das ewige Licht leuchte ihm«.

Das Gesicht meiner Mutter war von Tränen aufgeweicht. Später, als mein Großvater lächelnd, aber tot in seinem Bett lag, sagte sie: »Er hot's überstanda.« Den Verwandten berichtete sie bei der Beerdigung, er habe lange mit dem Tode ringen müssen.

Damals habe ich mir vorgestellt, wie mein Großvater sich im Bett herumwälzt und mit dem Tode ringt, letztlich aber chancenlos ist und verliert. Dass er trotz der Niederlage lächelte, hat mich beeindruckt.

Nachdem mein Großvater beerdigt war, ging ich häufig zum Friedhof. Manchmal mit meiner Großmutter, öfter allein. Meine Großmutter hatte fast immer ihr Friedhofsbesteck dabei. Es bestand aus einer kurzen Harke, einer kleinen Schaufel und einem Handfeger. Manchmal nahm sie auch ein Vesper mit. Während sich meine Großmutter auf dem Friedhof gerne nützlich machte, ging ich nur herum und schaute die Gräber an, las die Namen und rechnete aus, wie alt die Verstorbenen geworden waren.

Manchmal traute ich mich auch ins Leichenhaus.

Meine Mutter hat mir die Geschichte von einem scheintoten Kind erzählt. Am Morgen, nachdem man es ins Leichenhaus gebracht hatte, saß es Blumen zupfend im offenen Sarg. Von da an hatte ich vor Scheintoten mehr Angst als vor den wirklich Toten.

Meine Großmutter Amalie bestand darauf, dass man ihr einmal ein Glöckchen mitgeben sollte. Ihr Tod aber war dann so unspektakulär wie ihr Leben. Am Nachmittag kam sie zum Kaffee, sagte: »Kaffee, mein Leben«, trank dann drei Tassen, bevor sie wieder in ihre Wohnung hochging, sich hinlegte und nicht mehr aufstand.

Meine Heimstraß-Oma starb im selben Jahr. Obwohl sie andauernd sagte, sie wolle sterben, rechneten wir, trotz ihrer 93 Jahre, nicht mehr mit ihrem Tod. Der Anruf der Heimleitung kam deshalb überraschend. Als die Heimstraß-Oma noch in der Heimstraße gewohnt hatte, erzählte sie mir einmal, dass eine weiße Taube ihr die Nachricht vom Tod ihres Mannes gebracht hätte. Die Taube wäre an ihr Fenster geflogen und hätte an die Scheibe geklopft. Schon auf dem Weg zum Krankenhaus wusste sie, dass ihr Mann tot war. Das Zeichen der Taube ließ keine Zweifel aufkommen.

Als mein Vater mir sagte, dass er noch einmal alle Karl-May-Bücher lesen wolle, erzählte er mir auch den Traum der vergangenen Nacht, in welchem er neben seiner verstorbenen Schwiegertochter, der Elli, beim Kaffeetrinken saß. Dass ihre Gräber später nebeneinander lagen, war also kein Zufall.

Die Elli, die einige Jahre vor meinem Vater gestorben war, war am Morgen ihres Todes vergnügt wie lange nicht gewesen. Sie hatte sich auf Gesellschaft und eine Tasse Tee gefreut. Aber kaum, dass sie am Tisch saß, glitt ihr die Tasse aus der Hand, und mit der Tasse glitt auch sie aus dem Leben.

Dass der Tod sich so euphorisch ankündigen konnte, war ein Trost für später.

Als meine Mutter zwölf Jahre nach meinem Vater starb, sagte meine Schwester Suse: »'s war a Erlösung für sie.«

Dass es auch für uns eine Erlösung war, gestanden wir uns wortlos ein. Am Tag ihrer Beerdigung war sie mir näher als die Jahre davor. Ich hatte den Eindruck, als hätte der Körper, in welchem meine Mutter eingesperrt gewesen war, sie wieder freigelassen. Im Grab war sie wieder die Mutter, bei der ich Schutz und Zuflucht fand. Und die mich bedingungslos liebte.

Bei der Beerdigung versammelte sich auf den Friedhofsbäumen eine Schar Krähen, die stumm der Zeremonie beigewohnt hat. Als Trauergäste waren sie Vorbilder.

Als mein Vater beerdigt wurde, hielt ein junger evangelischer Pfarrer die Grabrede. Er sprach, als ob er meinen Vater gekannt hätte.

Der Friedhof war voller Menschen. Mein Bruder Karlheinz war beeindruckt. Mein Vater wäre stolz gewesen. Auch die Krähen waren da.

Als mein Vater mir sagte, dass er noch einmal alle Karl-May-Bücher lesen wolle, wusste ich nicht, wie nahe ihm der Tod schon war. Seine Entscheidung aber freute mich. Eine solche Aufgabe vor sich zu haben, musste auch dem Tod Respekt einflößen. Dass er dann nicht weiter als bis zur Salzwüste Schott el Dscherid kam, machte mich traurig, doch glaubte ich, dass alles im Leben seinen Grund hat. Vielleicht hatte mein Vater genug vom Abenteuer, vielleicht war der Tod auch ein Spielverderber.

Irgendwann wird er es mir sagen.

Nachwort

Als Mitte der Achtzigerjahre der SDR um Beiträge für seine Sendereihe »Straßengeschichten« bat, habe ich zum ersten Mal über die Straße meiner Kindheit nachgedacht. Es entstand die Geschichte »Meine Straße«, mit der dieser Band, quasi als erzählendes Vorwort, beginnt. Damals ist die Idee zu diesem Buch entstanden.

Dass es dann doch fünfzehn Jahre gedauert hat, ehe es auch geschrieben wurde, mag daran liegen, daß die notwendige Distanz, mit der es sich befreit erzählen lässt, bei mir noch nicht groß genug war.

Erst mit der Schilderung des Heiligen Abends bei uns zu Hause habe ich auch den Ton gefunden, den ich mir für dieses Buch gewünscht hatte. Dabei ist auch die Wachter Hedwig als literarische Figur entstanden.

Ich danke deshalb meinem Verleger, dass er meinem Wunsch, diese Erzählung hier aufzunehmen, nachgekommen ist, obwohl sie bereits in meinem Weihnachtsbuch »Wenn's draußa langsam dunkel wird« abgedruckt wurde.

Meine Geschwister mögen mir verzeihen, wenn ich sie in meinen Geschichten »benützt« habe.

Anzuführen wäre noch, daß die Spreng-Zwillinge allein der Phantasie des Autors entsprungen sind. Lediglich der Name, den ich einfach passend fand, deckt sich mit dem einer kinderreichen Familie aus unserem Viertel.

Dieses Buch ist eine Liebeserklärung an meine Eltern und Geschwister, an meine Großmütter sowie etliche Verwandten, an meine Schulfreundinnen und -freunde, ob sie nun namentlich genannt sind oder nicht.

Vor allem aber an die Wachter Hedwig.

Manfred Eichhorn

Mehr von Manfred Eichhorn

Manfred Eichhorn: Die Schwäbische Weihnacht
Eine Legende.
Die Weihnachtsgeschichte hat Manfred Eichhorn auf die Schwäbische Alb
verlegt und in erfrischend ursprüngliche Verse gekleidet, die sich besonders
gut zum Vorlesen eignen. Eichhorn paart Besinnung mit Witz und trifft mit
seiner Dichtung auf die rauhe schwäbische Weise mitten ins Herz.
»›Die Schwäbische Weihnacht‹ hat das Zeug zum Klassiker der
Weihnachtsliteratur.« (Schwäbische Zeitung)
56 Seiten, 13 Zeichnungen von Uli Gleis, fester Einband. ISBN 3-87407-218-5
Auch auf CD, gesprochen vom Autor. ISBN 3-87407-233-9

Manfred Eichhorn: Der Schwäbische Nikolaus
Eine Legende von der Alb.
Jedes Jahr dieselbe Ochsentour! Zu lange Wunschzettel. Zu viele Orte. Ein
Sauwetter. Und mehr als ein Grund, den Leuten die Leviten zu lesen. Aber je
mehr er bruddelt und mault, dieser Schwäbische Nikolaus, desto deutlicher
wird: Im Grunde seines Herzens mag er seine Schwaben doch. Und wie! Eine
bezaubernde mundartliche Adventsdichtung, die man auch aufführen kann.
56 Seiten, 8 Zeichnungen von Uli Gleis, fester Einband. ISBN 3-87407-261-4
Auch auf CD, gesprochen vom Autor. ISBN 3-87407-262-2

Manfred Eichhorn: Die Schwäbische Passion
Ein ergreifender Text von großem Ernst – heiter zu Beginn, wenn Jesu Leben
nacherzählt und von seinen Wundertaten berichtet wird, je näher dann jedoch
der Karfreitag rückt, desto tragischer wird die Handlung. Seinen Höhepunkt
freilich bildet die Auferstehung, die eigentliche Ostergeschichte.
»Die Schwäbische Passion«, ein Muß für Mundartfreunde, eignet sich – ganz
oder in Teilen auch zum Vorlesen, etwa bei Gemeindeveranstaltungen.
64 Seiten, 8 Zeichnungen von Uli Gleis, fester Einband. ISBN 3-87407-299-1

Silberburg·Verlag

In Ihrer Buchhandlung · www.silberburg.de

Manfred Eichhorn: Das Schwäbische Paradies
Ein Mundartstück.
Nach Motiven von Franz von Kobell und Kurt Wilhelm
Zwanzig weitere Lebensjahre trotzt Jakob Stiegele dem Tod ab, als der ihn holen will. Mit einigen Viertele Weißherbst und einem Kartenspiel überlistet er den »Boinerkarle«. Doch als das Dorle, Stiegeles Enkelin, ums Leben kommt, wird im »Schwäbischen Paradies« offenbar, daß Jakob Stiegele schon seit drei Jahren »dort oben« sein sollte. Gelingt es dem Sensenmann, den Weingärtner und Fischer wenigstens »zur Probe« ins Paradies zu locken?
112 Seiten, 12 Zeichnungen, kartoniert. ISBN 3-87407-339-4

Manfred Eichhorn: Schwäbische Weihnachtsgeister
Ein Mundartstück nach Charles Dickens' berühmtester Weihnachtsgeschichte
Eberhard Bitterle glaubt nicht an Geister, schon gar nicht, wenn sie in Gestalt seines vor sieben Jahren verstorbenen Kompagnons Jakob Kromer erscheinen. Doch der Geist Kromers läßt sich nicht beirren. Seine Aufgabe ist es, drei Weihnachtsgeister anzukündigen: die Geister der vergangenen, der gegenwärtigen und der zukünftigen Weihnacht. Diese sollen aus dem hartherzigen Geizhals einen Menschenfreund zu machen.
80 Seiten, kartoniert. ISBN 3-87407-288-6

Manfred Eichhorn: Umsonschd isch dr Dod
Drei schwäbische Einakter
Im Volkstheater war der Tod ursprünglich so selbstverständlich wie im wirklichen Leben: er gehörte einfach dazu. In neueren Mundart-Schwänken kommt er jedoch nicht mehr vor. Manfred Eichhorn schleppt ihn nun wieder an, in drei neuen schwäbischen Theaterstücken, die sich ebensogut zum Lesen wie zum Spielen eignen.
64 Seiten, kartoniert. ISBN 3-87407-271-1

Manfred Eichhorn: Bauraopfer
Ein schwäbisches Mundartstück in fünf ländlichen Bildern
Um König oder Dame zu schützen, opfert man einen Bauern. So lehrt es uns das Schachspiel. In diesem Mundartstück beherzigen die Politiker und Grundstücksspekulanten dieselbe Strategie.
80 Seiten, kartoniert. ISBN 3-87407-366-1

Silberburg·Verlag

In Ihrer Buchhandlung · www.silberburg.de

Mehr von Manfred Eichhorn

Manfred Eichhorn: Wenn's draußa langsam dunkel wird ...
Ein schwäbisches Weihnachtsbuch
Manfred Eichhorn hat neue Geschichten, Gedichte, Lieder und Sketche
geschrieben, die an die Fest-, Feier- und Gedenktage zwischen Martini und
Lichtmess anknüpfen. Manchmal klingen die Glöckchen, manchmal donnern die
Glocken: Zärtlich-heitere, aber auch kritische Töne werden angestimmt,
manches ist satirisch, ja schwäbisch-grob, manches wird nostalgisch verklärt.
160 Seiten, 41 Zeichnungen, fester Einband. ISBN 3-87407-393-9

Manfred Eichhorn: Der Spatz auf dem Dach
Wer kennt sie nicht, die wegweisende Tat eines Spatzen in der Münsterstadt
Ulm? Angeleitet durch ihren gefiederten Kollegen konnten die Fuhrleute und
Baumeister die großen Holzbalken durch das Stadttor zur Münsterbaustelle
bringen – sonst stünde der höchste Kirchturm der Welt sicher nicht in Ulm.
Manfred Eichhorn bettet die Ulmer Spatzensage in eine spannende Geschichte
ein, in der weder Glück und Leid, Herz und Schmerz
noch Politik und Intrigen fehlen.
64 Seiten, 14 Zeichnungen von Walter Mödl, fester Einband. ISBN 3-87407-516-8

Manfred Eichhorn: Sperrsitz mit Programm
Schwäbische Sketsche
Manfred Eichhorn: Versprecha ond versprocha
Schwäbische Sketsche, Miniaturen und Einakter
Viel gesucht und häufig gefragt: Zwei Bände mit kurzen Spielstücken für
verschiedenste Gelegenheiten. Die Grundstimmung ist mal übermütig, mal
melancholisch. Nie aber sind die Sketsche »billig« oder nur oberflächlich.
Und immer sind sie theaterwirksam, selbst wenn die Ecke des Vereinsheims
oder das Wohnzimmer des Jubilars die Bühne abgibt.
160 Seiten, fester Einband. ISBN 3-87407-245-2
160 Seiten, fester Einband. ISBN 3-87407-344-0

Silberburg·Verlag
In Ihrer Buchhandlung · www.silberburg.de